Trixi Jansen

Der Tod und das Mädchen

Eine Analyse des Paradigmas aus Tod und Weiblichkeit
in ausgewählten Erzählungen I.S. Turgenevs

Literatur und Kultur im mittleren und östlichen Europa

herausgegeben von Reinhard Ibler

ISSN 2195-1497

4 *Valentina Kaptayn*
Zwischen Tabu und Trauma
Kateřina Tučkovás Roman *Vyhnání Gerty Schnirch* im Kontext der tschechischen Literatur über die Vertreibung der Deutschen
ISBN 978-3-8382-0482-6

5 *Reinhard Ibler (Hg.)*
Der Holocaust in den mitteleuropäischen Literaturen und Kulturen seit 1989
The Holocaust in the Central European Literatures and Cultures since 1989
ISBN 978-3-8382-0512-0

6 *Iris Bauer*
Schreiben über den Holocaust
Zur literarischen Kommunikation in Marian Pankowskis Erzählung *Nie ma Żydówki*
ISBN 978-3-8382-0587-8

7 *Olga Zitová*
Thomas Mann und Ivan Olbracht
Der Einfluss von Manns Mythoskonzeption auf die karpatoukrainische Prosa des tschechischen Schriftstellers
ISBN 978-3-8382-0633-2

8 *Trixi Jansen*
Der Tod und das Mädchen
Eine Analyse des Paradigmas aus Tod und Weiblichkeit in ausgewählten Erzählungen I.S. Turgenevs
ISBN 978-3-8382-0627-1

9 *Olena Sivuda*
"Aber plötzlich war mir, als drohe das Haus über mir zusammenzubrechen."
Komparative Analyse des Heimkehrermotivs in der deutschen und russischen Prosa nach dem Zweiten Weltkrieg
ISBN 978-3-8382-0779-7

Trixi Jansen

DER TOD UND DAS MÄDCHEN

Eine Analyse des Paradigmas aus Tod und Weiblichkeit
in ausgewählten Erzählungen I.S. Turgenevs

ibidem-Verlag
Stuttgart

Bibliografische Information der Deutschen Nationalbibliothek
Die Deutsche Nationalbibliothek verzeichnet diese Publikation in der Deutschen Nationalbibliografie; detaillierte bibliografische Daten sind im Internet über http://dnb.d-nb.de abrufbar.

Bibliographic information published by the Deutsche Nationalbibliothek
Die Deutsche Nationalbibliothek lists this publication in the Deutsche Nationalbibliografie; detailed bibliographic data are available in the Internet at http://dnb.d-nb.de.

∞
Gedruckt auf alterungsbeständigem, säurefreien Papier
Printed on acid-free paper

ISSN: 2195-1497

ISBN-13: 978-3-8382-0627-1

© *ibidem*-Verlag
Stuttgart 2015

Alle Rechte vorbehalten

Das Werk einschließlich aller seiner Teile ist urheberrechtlich geschützt. Jede Verwertung außerhalb der engen Grenzen des Urheberrechtsgesetzes ist ohne Zustimmung des Verlages unzulässig und strafbar. Dies gilt insbesondere für Vervielfältigungen, Übersetzungen, Mikroverfilmungen und elektronische Speicherformen sowie die Einspeicherung und Verarbeitung in elektronischen Systemen.

All rights reserved. No part of this publication may be reproduced, stored in or introduced into a retrieval system, or transmitted, in any form, or by any means (electronical, mechanical, photocopying, recording or otherwise) without the prior written permission of the publisher. Any person who does any unauthorized act in relation to this publication may be liable to criminal prosecution and civil claims for damages.

Printed in Germany

Inhaltsverzeichnis

1. Einleitung _____ 7

2. Feministische Literaturtheorie _____ 11
   2.1   Entwicklung einer Theorie _____ 12
   2.2   Feministische Ansätze in Bezug auf die russische Literatur _____ 19

3. Der Tod und das Mädchen _____ 25

4. Turgenevs Frauenfiguren _____ 31
   4.1   Starke Frauen und überflüssige Helden – Mar'ja Pavlovna, Vera und Klara Milič _____ 36
      4.1.1 Schweigen und Starre _____ 36
      4.1.2 Sterben _____ 58
      4.1.3 Inszenierung des Todes _____ 69
   4.2   Dämonen und Vampire – Zinaida, Ėllis und Agrippina ___ 75
      4.2.1 Schweigen und Starre _____ 75
      4.2.2 Sterben _____ 100
      4.2.3 Inszenierung des Todes _____ 111
   4.3   Geopferte Nonkonformistinnen – Sofija und Susanna ___ 114
      4.3.1 Schweigen und Starre _____ 114
      4.3.2 Sterben _____ 128
      4.3.3 Inszenierung des Todes _____ 138

5. Schlussbetrachtung _____ 143

1. Einleitung

„The death of a beautiful woman is unquestionably the most poetical topic in the world"[1] schreibt Edgar Allan Poe über den Topos des weiblichen Todes. Poe beschreibt hier ein Phänomen, welches sich in Kunst und Literatur größter Beliebtheit erfreut und in nahezu allen Epochen seinen Niederschlag findet, sei es in den Renaissancegemälden Hans Baldungs, bis hin zu zeitgenössischen Verarbeitungen des Sujets wie dem Film *Death and the Maiden* von Roman Polanski, welcher ab 1994 in den Kinos zu sehen war. In Russland ist die wohl bekannteste Fassung des Paradigmas aus Tod und Weiblichkeit die literarische Version des *Devuška i smert'*, so beispielsweise die gleichnamige Verserzählung von Maksim Gor'kij. Darüber hinaus finden sich zahlreiche Darstellungen dieser Koppelung, die weitaus weniger offenkundig sind.

Der „pessimistische [...] Menschenfreund"[2] Turgenev ist neben dieser geschmälerten Humanität auch dafür bekannt, zahlreiche Weiblichkeitsbilder erschaffen zu haben. Mit Sicherheit hat er der Fähigkeit zur überzeugenden Darstellung von Angelegenheiten junger Frauen seiner Zeit einiges an literarischem Erfolg zu verdanken, denn „Turgenev is, perhaps more than any other author, the writer of Russia´s women: Woman as enigma, as seductress, as warrant of liberation. She is the center of any number of Turgenev´s narrative".[3] Hier wird deutlich, dass die Darstellung von Weiblichkeit bei Turgenev eines der zentralen Themen ist. Gleichzeitig spielt in seinem Werk das Motiv des Todes eine wesentliche Rolle, welches den Pessimismus der Philanthropie zum Ausdruck bringt, zumal „We see [...] even a morbid fascination and yearning on his [Turgenev´s] part to deal with this reality [of death]".[4] Die Literaturkritik hat sich ausgiebig sowohl mit Turgenevs Frauenfiguren als auch mit dem Todesmotiv in seinem Werk

---

[1] E. A. Poe: *Essays and Reviews*. S. 19.
[2] H.-J. Gerigk: *Turgenew heute*, http://www.horst-juergen-gerigk.de/aufs%C3%A4tze/turgenjew-heute/, Stand: 27.08.2013.
[3] J. T. Costlow: *Speaking the Sorrow of Women: Turgenev´s "Neschastnaia" and Evgeniia Tur´s "Antonia"*, S. 328.
[4] E. Kagan-Kans: *Fate and Fantasy. A Study of Turgenev´s Fantastic Stories*, S. 545.

auseinandergesetzt; eine Analyse der Koppelung beider Erscheinungen liegt jedoch bislang nicht vor. Dass diese Koppelung in seinem Werk durchaus existiert, wird anhand zahlreicher Frauenfiguren ersichtlich, welche durch Sterben oder durch ihre Eigenschaft als Todesbotin (in seltenen Fällen auch als Mörderinnen[5]) mit dem Tod in Verbindung treten. Insbesondere im Spätwerk ist allein die Anzahl der mit dem Tode verbundenen Frauengestalten signifikant und verweist unverkennbar auf eine Reproduktion der paradigmatischen Verknüpfung von Weiblichkeit und Tod. Es wird aufzuschlüsseln sein, inwiefern diese Verknüpfung hier eine bloße Re-Inszenierung eines tradierten Topos darstellt, oder ob diese dem Zwecke der Kritik an den herrschenden Zuständen dient. Obgleich Turgenev die Schicksale weiblicher Figuren in ein kritisches Licht zu setzen scheint und damit die gesellschaftlichen Konventionen und ihre Auswirkungen auf die Bedürfnisse von Frauen ankreidet, so ist jedoch gerade im Hinblick auf das Sujet des Todes die Frage zu stellen, ob es sich um einen Opferungsritus handelt, der die Frauen scharenweise ins literarische Grab führt, oder ob die angestrebte Kritik tatsächlich in der Lage ist, die symbolische Ordnung zu stürzen.

Die vorliegende Arbeit untersucht die paradigmatische Verknüpfung aus Weiblichkeit und Tod im späten Prosawerk Turgenevs und hat sich insbesondere der Aufschlüsselung von Art und Weise der ästhetischen Darstellung des Sterbens seiner Frauenfiguren verschrieben. Bei der Dekodierung des Sujets soll der Fokus auf der Frage liegen, ob durch die entsprechende Darstellung eine Affirmation oder Negation gängiger kultureller Normen vorliegt. Als kulturelle Normen werden hier insbesondere die patriarchale Verabsolutierung der Welt sowie der schablonenhafte männliche Blick auf sämtliches Geschehen aufgefasst. Es wird zu ermitteln sein, inwiefern diese Darstellungen des Sujets, deren Elemente aus dem gängigen Fundus kultureller Symbole hervorgehen, als Indizien einer patriarchalen Kultur zu deuten sind. Zur Entschlüsselung dieser Verknüpfung aus Weiblichkeit und Tod ist die feministische Literaturkritik ein hilfreiches Instrument, da sich

---

[5] Man denke nur an die grausame Tötung des Fieslings Charlov in *Stepnoj korol' Lir* durch seine Töchter; auch Agrippina in *Brigadir* wird zur Mörderin an ihrem Knecht.

damit einerseits die männliche Sicht auf die Welt aufdecken lässt, andererseits lässt sich gleichfalls eine weibliche Seite des Hergangs rekonstruieren. Ein ideengeschichtlicher Abriss über die Entwicklung der feministischen Literaturtheorie dient im folgenden Kapitel der Veranschaulichung und dem Überblick über die methodische Vorgehensweise. Ferner soll die Methode sozio-kulturell verortet werden und wird in einem zweiten Schritt auf den kulturellen Kontext Russlands bezogen.

In der Analyse werden diejenigen Frauenfiguren aus den späten Erzählungen Turgenevs in Betracht gezogen, denen eine gewichtige Rolle im Geschehen zukommt und die in mindestens einer Ausprägung mit dem Tod verbunden sind. Diese Ausprägungen können verschiedenartiger Natur sein: Sie können sich als Getötete, Tötende oder Halbtote äußern, wobei sich die unterschiedlichen Ausprägungen gegenseitig nicht ausschließen und sich häufig auch überschneiden können. Die zu analysierenden Frauenfiguren weisen ferner untereinander Verwandtschaften auf, sodass diese in drei Typen unterschieden werden: Ein für Turgenev sehr typisches Werk sind die *starken Frauen*, welche traditionell einem willensschwachen und moralisch unterlegenen *überflüssigen Helden* gegenüberstehen. Diese entsprechen dem Stereotyp der Tugendhaften und bewahren in dieser Rolle die Stabilität der symbolischen Ordnung. Ein weiterer Typus sind die dämonischen Vampirsfrauen, die in ihrem Wesen bösartig sind und danach streben, ihr männliches Gegenüber emotional und finanziell auszubeuten und auszusaugen. In ihnen findet sich die Verkörperung des Bösen, das die Stabilität der Ordnung gefährdet und damit potentiell todbringend ist. Als dritter Typus werden die geopferten Nonkonformistinnen untersucht, die unverschuldet in Lebensumstände geraten, welche sie letztendlich auf Grund eines massiven gesellschaftlichen Drucks zum Zusammenbruch bringen. Dieser Typus ist in seinem Wesen ebenfalls tugendhaft, personifiziert jedoch durch seine Unkonventionalität die Unordnung per se. Die Analyse der verschiedenen Typen erfolgt in drei Schritten: Um festzustellen, inwiefern dem Sterben der Figur eine Tötung durch Schweigen oder Starre vorausgeht, ist eine Untersuchung der Erzählumstände notwendig. Es wird sich zeigen, dass insbesondere das Phänomen der Tötung durch Stille und Unbeweglichkeit alle analysierten Figuren als Halbtote inszeniert. Maßgebliche Bedingung für diese Art des Tötens ist die Perspektive der männlichen

Erzählposition. Diese verursacht eine Verknüpfung mit dem Tod zu Lebzeiten der Figur, da es den weiblichen Figuren bereits durch die Tötung in einen Typus an psychologischer Substanz und damit auch an Lebendigkeit mangelt. Daher geht der Untersuchung des Todesmotivs in den betrachteten Erzählungen eine detaillierte Abhandlung zur Erzählperspektive voraus, denn diese bringt die Frauenfiguren ausnahmslos zum Schweigen und beraubt sie damit der dynamischen Lebenskraft, die eine authentische Figur mit vitaler, menschlicher Essenz ausmacht. Um die Gründe für den Tod der Frauenfiguren zu ermitteln, wird in einem zweiten Schritt die Position des Bösen und seiner Verbindung zur Weiblichkeit analysiert, da die Frau traditionell der Grenze zwischen Chaos und symbolischer Ordnung zugeordnet wird. Der Reiz des weiblichen Todesopfers liegt darin, die Frau als Tote einzufangen, ihre unkontrollierbare Kraft des Erotisch-Chaotischen, das potentiell todbringend ist, zu bannen und die Sicherheit einer stabilen Ordnung vor Verfall und Zerstörung zu bewahren. Daher ist es notwendig, festzustellen, ob es sich bei den Weiblichkeitsentwürfen um Projektionen von Tugendhaftigkeit oder Lasterhaftigkeit handelt und wo „das Gute" und „das Böse" zu verorten ist. Erst dann kann eine Aussage darüber getroffen werden, ob es sich um eine „böse" Figur handelt, welche getötet werden muss, um für ihren Verstoß gegen die Konventionen bestraft zu werden oder ob sie eine „gute" Figur ist, die mit ihrem Tod die Schuld anderer auf sich nimmt. Der dritte Schritt der Analyse führt sodann zurück zu Edgar Allen Poe, indem er sich dem Schönen des Sujets widmet. Da das Paradigma aus Weiblichkeit und Tod hier um das Element der Schönheit erweitert wird, liegt eine Betrachtung der Ästhetizität des Topos nahe. Daher wird in diesem Teil der Analyse die Frage nach der Inszenierung des Sterbens und des Todes gestellt und es wird aufgezeigt, dass diese in allen Fällen nach ästhetischen Gesichtspunkten erfolgt.

2. Feministische Literaturtheorie

Anhand der aktuellen literaturtheoretischen Diskurse - insbesondere im anglo-amerikanischen Raum - um postkoloniale, globale und raumgebundene Literaturen wird gut deutlich, welchen profunden Einfluss die feministische Idee in den vergangenen Jahrzehnten auf die Literaturwissenschaft ausüben konnte. Tatsächlich ist die kulturelle Repräsentation des Weiblichen seit jeher eine der Kernfragen feministischer Forschung. Unzählige Forschungsarbeiten, die vermehrt seit den 1970er Jahren entstanden und sich mit der visuellen und verbalen Darstellung von Weiblichkeit beschäftigen, geben dafür ein sehr gutes Zeugnis ab. Dieser Aufschlüsselung einer konstruierten Weiblichkeit liegt die Auffassung zu Grunde, dass die Realität durch das Prisma des männlichen Blickes wahrgenommen wird, der gleichsam zu einem verschleierten und universalen Prinzip erhoben wird. Diese Absolutheit erweist sich jedoch als Scheinwahrheit, wie Simone de Beauvoir 1949 unterstreicht: „Die Vorstellung von der Welt als Welt ist ein Produkt der Männer; sie beschreiben sie von einem Standpunkt aus, den sie mit der absoluten Wahrheit verwechseln".[6]

Der folgende Abriss über die Entwicklung der feministischen Literaturtheorie wird zeigen, dass es sich um theoretische Ansätze handelt, die ideengeschichtlich im anglo-amerikanischen und westeuropäischen Raum zu verorten sind und deren Begrifflichkeiten weitgehend von weißen ForscherInnen der Mittelklasse geprägt wurden. Nichtsdestotrotz versteht sich das feministische Projekt als ansprechend für Frauen unterschiedlicher kultureller, religiöser oder gesellschaftlicher Identität. In Russland existierte bisher keine Tradition feministischer Forschung, wie sie die westlichen Wissenschaften kennen, sodass es nicht verwundert, dass die Hauptwerke zur Frage von Weiblichkeit und russischer Literatur die Stimmen westlicher WissenschaftlerInnen sind.[7] Die Abwesenheit einer feministischen Forschung in Russland geht sowohl auf die spezifischen kulturhistorischen Bedingungen als auch auf eine stark von patriarchalen Werten geprägte Gesellschaft zurück,

---

[6] S. de Beauvoir: *Das andere Geschlecht*. S. 155.
[7] S.: J. Andrew: *Women in Russian Literature*, B. Heldt: *Terrible Perfection*, S. S. Hoisington: *A Plot of Her Own*.

wie die Skizzierungen zur feministischen Literaturtheorie in Bezug auf die russische Literatur zeigen werden.

2.1 Entwicklung einer Theorie

Die Auffassung einer feministischen Literaturtheorie wird in der Regel mit der Feminismusbewegung der 1960er Jahre assoziiert, obschon die Wurzeln einer solchen ideengeschichtlich weiter zurückliegen. Bereits Mary Woolstonecraft war sich der Rolle der Literatur bei der Verbreitung eines künstlichen und ungleichen Frauenbildes in ihrer 1792 erschienenen Schrift *Vindication of the Rights of Women* bewusst.[8] In dieser Abhandlung entschleiert sie die vermeintlich von Schwäche und Unterlegenheit geprägte Feminität, welche von ihren männlichen Zeitgenossen wie Burke, Milton und Rousseau propagiert wird, als Fiktion. Ferner sei es der Konsum von Literatur, der dafür sorge, dass sich Frauen mit den darin geschaffenen Stereotypen identifizierten und es anstrebten, ihnen nahegelegte Eigenschaften zu besitzen, welche Woolstonecraft beschreibt als „cunning, softness of temper, *outward* obedience, and [...] a puerile kind of propriety".[9] Es wird deutlich, dass die fiktive Unterlegenheit des Weiblichen insbesondere durch Literatur kommuniziert wird. Woolstonecraft enthüllt jedoch nicht nur die Fiktionalität des Weiblichen, sondern entlarvt auch die Eigenschaften, welche der Männlichkeit untergeordnet werden, als konstruiert. Jene als männlich angesehenen Tugenden seien menschliche Stärken, die nicht naturgegeben an das Geschlecht gebunden sind. In ihrer Konstruktion einer menschlichen Identität, welche sich von Kategorien des Geschlechts zu befreien sucht, war Mary Woolstonecraft mit Gewissheit ihrer Zeit voraus.

Zweifelsohne gilt jedoch Virginia Woolf als Begründerin der modernen feministischen Literaturkritik. In ihrer Abhandlung zum Verhältnis zwischen Frauen und Literatur, *A Room of One´s Own*, beleuchtet sie diese Beziehung aus mehreren Perspektiven. Das ursprünglich auf Vorlesungen

---

[8] M. Woolstonecraft: *Vindication of the Rights of Women*
[9] Ebd., S. 23.

Woolfs vor Studentinnen in Cambridge basierende Werk stellt eine Neuheit seiner Zeit dar, insbesondere durch das Verwischen der Genregrenzen zwischen einem kritischen Essay und einem Roman. Die Erzählerin nimmt variable fiktionale Gestalten an, sodass Woolfs Argumente so in Form einer Erzählung vorgelegt werden. Diese beschreiben das Verhältnis zwischen Frauen und Literatur zunächst als mehrdeutig: „[W]oman and fiction might mean [...] women and what they are like, or it might mean women and the fiction that they write; or it might mean women and the fiction that is written about them".[10] Die erste der geschilderten Bedeutungen beschreibt den materialistischen Zustand der Frau als einen wesentlichen Faktor in ihrem Verhältnis zur Literatur, welcher geprägt ist von Armut unter dem Regime einer patriarchalen Gesellschaft. Dieser materialistische Zustand wird jedoch verschleiert, indem ein Diskurs über Weiblichkeit besteht, welcher ausnahmslos aus männlicher Feder stammt – im Gegenzug bestimmen Frauen jedoch keinerlei Debatten über Männlichkeit.

Die von Woolf geschilderten Bedingungen führen zu der Tatsache, dass die Autorschaft literarischer Texte ein Privileg ist, welches nahezu ausschließlich dem männlichen Teil der Menschheit zukommt. Demnach ist hinsichtlich der zweiten Bedeutung des Verhältnisses eines der Hauptargumente in *A Room of One´s Own:* „a woman must have money and a room of her own if she is to write fiction".[11] Zur Exemplifikation ihres Arguments zieht Woolf eine fiktive Schwester Shakespeares herbei, um die Bedingungen für eine weibliche Autorschaft im 16. Jahrhundert aufzuzeigen und kommt zu dem Schluss: „[t]o have lived a free life in London in the sixteenth century would have meant for a woman who was poet and playwright a nervous stress and dilemma which might well have killed her".[12] Mit dem schlichten Argument der Abhängigkeit des schöpferischen Geistes vom Materiellen widerlegt sie einerseits gängige Vorstellungen von einer intellektuellen Unterlegenheit der Frau und ihrer Unfähigkeit zur Genialität; gleichsam entlarvt sie damit die Figur des männlichen und genialen Autortalents als einen Mythos des patriarchalen Systems.

---

[10] V. Woolf: *A Room of One´s Own*, S. 3.
[11] Ebd., S. 4.
[12] Ebd., S. 64.

Die dritte in *A Room of One's Own* geschilderte Bedeutung des Verhältnisses zwischen Frau und Literatur bezieht sich auf die Darstellung von Weiblichkeit und offenbart eine Diskrepanz zwischen der historisch-realen Frau und der fiktiven Frau als Teil der symbolischen Ordnung:

> „Imaginatively she is of the highest importance; practically she is completely insignificant. She pervades poetry from cover to cover; she is all but absent from history. She dominates the lives of kings and conquerors in fiction; in fact she was the slave of any boy whose parents forced a ring upon her finger. Some of the most inspired words [...] in literature fall from her lips; in real life she could hardly read, could scarcely spell, and was the property of her husband".[13]

Dieses Missverhältnis zwischen Fakt und Fiktion deutet darauf hin, dass Weiblichkeit als Symbol den Konventionen literarischer Darstellung unterworfen ist und somit die "Frau" als Signifikant in einem patriarchalen Diskurs dient, dessen Signifikat zweifelsohne jeglicher Gemeinsamkeit mit den real existierenden, historischen Erfahrungen der Frauen entbehrt.[14]

Neben dieser Beschäftigung mit der sprachlichen Repräsentation von Weiblichkeit bezieht Woolf auch Stellung zum literarischen Subjekt als Identifikationsfläche und wirft damit eine weitere Kernfrage der modernen feministischen Literaturtheorie auf. In *A Room of One's Own* sinniert sie über die Geschlechtssemantik der ersten Person: "[T]his `I´ was a most respectable `I´; honest and logical; as hard as a nut, and polished for centuries by good teaching and good feeding. [...] But [...] the worst of it is that in the shadow of the letter `I´ all is shapeless as mist. Is that a tree? No, it is a woman".[15] An dieser Stelle zeigt sich die untergeordnete Position des Weiblichen, welche durch die Konstruktion eines männlichen, in einer patriarchalen Welt verorteten Subjekts entsteht.

Jene von Woolf aufgeworfenen Kernfragen sind das Fundament einer feministischen Literaturtheorie und werden zwanzig Jahre später mit Simone de Beauvoirs Dekonstruktion der Geschlechterkategorien fortgeführt. Für die Literaturwissenschaft ist Beauvoirs Abhandlung über das andere Geschlecht insofern von Bedeutung, als in ihr Funktionen und Inhalte gängiger Mythen zur Weiblichkeit aufgezeigt werden. In ihrer These von Weiblichkeit

---

[13] V. Woolf: *A Room of One's Own.* S.. S. 56.
[14] S. J. Goldman: *The Feminist Criticism of Virginia Woolf,* S. 74-75.
[15] V. Woolf: *A Room of One's Own.* S. 130.

als dem "anderen" Geschlecht dienen die von Männern geschaffenen Mythen des Weiblichen der Stabilisierung einer patriarchalen Weltordnung. Von der Dekonstruktion jener Mythen erhofft sich Beauvoir die Erschaffung weiblicher Subjektivität. Jene wird als Quelle der Freiheit betrachtet, welche die Frau erst gewinnen kann, wenn ihr Status im patriarchalen System überworfen wird, indem der Mythos als solcher aufgezeigt wird: "Vielleicht wird der Mythos der Frau eines Tages erlöschen: denn je mehr die Frauen sich als Menschen bejahen, desto mehr verlieren sie die wunderbare Eigenschaft eben des Anderen".[16] Was hier angestrebt wird, ist ein Subjektstatus der Frau. Tatsächlich entspricht Weiblichkeit jedoch einer Projektion des Mannes, in welcher sich Objektstatus und Alter Ego vermischen:

> "Die Gestaltwerdung dieses Traums ist nun eben die Frau; sie ist das ersehnte Mittlere zwischen der dem Menschen fremden Natur und einem Gleichen, das ihm selbst allzu identisch wäre. [...] Sie setzt ihm weder das feindselige Schweigen der Natur noch die harte Forderung des wechselseitigen Sich-Ineinander-Erkennens entgegen; durch ein einzigartiges Privileg ist sie Bewußtsein, und dennoch scheint es möglich, sie in ihrem Körper sich zu eigen zu machen".[17]

Bei dieser Konstruktion weiblicher (Nicht-)Subjektivität kommt dem Mythos eine entscheidende Rolle bei der Attestierung von Naturgegebenheit und Universalität dieser Vorstellung zu. Der Mythos bestätigt stets aufs Neue die Rolle des Weiblichen als das unterwürfige Andere im Verhältnis zum männlichen Subjekt. Indem im Mythos das Weibliche mit Natur und Körperlichkeit assoziiert wird, kann die Subjektposition des Männlichen bewahrt werden, da diese von der Frau weder in Frage gestellt noch herausgefordert wird. Die Frau ist damit keine Konkurrentin, gleichzeitig ist sie jedoch auch nicht derart passiv wie es ein tatsächliches Objekt wäre.[18] Vor diesem Hintergrund erarbeitet Beauvoir sowohl die kollektive Darstellung des Mythos von Weiblichkeit in Form bestimmter Weiblichkeitstypen, sowie eine spezielle Analyse ausgewählter Autoren ihrer Zeit. Anhand dieser Analyse erörtert sie eine Funktionsweise des Mythos, die zweierlei Art ist. Erstens, der Zweck des Mythos ist die Darstellung des Weiblichen in einer Art, die sich den Bedürfnissen einer patriarchalen Ordnung anpasst und gleichzeitig männliche Identität durch die Abgrenzung eines Anderen erschafft. Zwei-

---

[16] S. de Beauvoir: *Das andere Geschlecht.* S. 155.
[17] Ebd. S. 153.
[18] E. Fallaize: *Simone de Beauvoir and the Demystification of Woman.* S. 87-92.

tens, dem Mythos haftet universale Gültigkeit an, die weder individuelle Erfahrungen von Frauen anerkennt, noch durch Erfahrung widerlegt werden kann. Diese Mechanismen greifen in sämtlichen Bereichen der patriarchalen Gesellschaft und stellen eine wesentliche Kommunikationsform ihrer Regeln und Normen dar. Die Literatur liefert zahlreiche Beispiele dafür, wie diese Mythen in Umlauf geraten, sich wieder und wieder reproduzieren und damit das patriarchale Weltbild am Leben erhalten.

Nachdem mit Woolstonecraft, Woolf und Beauvoir das theoretische Fundament für eine feministische Literaturkritik gelegt wurde, das dazu befähigt, in einen humanistischen Diskurs über Identität und Subjektivität sowie die Konstruktion von Geschlechterkategorien einzutreten, entwickelte sich die feministische Literaturtheorie ab den 1960er Jahren im Rahmen des politischen Feminismus von einem Instrument zur Sprengung der geltenden Wertevorstellung des patriarchalen Systems zu einem komplexen Diskurs über Kategorien des Geschlechts, aber auch von Rasse, Gesellschaftsschicht und Sexualität. Geprägt war dieser jedoch zunächst von Heterogenität: „Feminist theory is a broad church with a number of co-operating and competing approaches; it is probably more appropriate to talk of feminist theories rather than feminist theory".[19] Diese Heterogenität ist sicherlich auch darauf zurückzuführen, dass die feministische Literaturtheorie insbesondere in den 1970er Jahren damit befasst war, unter Beweis stellen zu müssen, dass es sich um seriöse literaturwissenschaftliche Forschung handelte, welche bestrebt ist, grundlegende Fragen zur Literaturgeschichte und -theorie aufzuwerfen und zu durchleuchten. Wenngleich der feministische Diskurs zwischen den 1960er und den 1990er Jahren von diesen mannigfaltigen Herangehensweisen und Ansätzen geprägt war, herrscht unter den maßgebenden Stimmen überraschende Einigkeit über die zentrale Rolle literarischer Repräsentation bei der Kreation von Geschlechterkategorien. In den Studien federführender Autorinnen der Zeit wie etwa Eva Figes *Patriarchal Attitudes* (1970), Germaine Greers *The Female Eunuch* (1970) und Kate Milletts *Sexual Politics* (1971) besteht kein Zweifel daran, dass die literarische Repräsentation des Weiblichen überwiegend von Männern kreiert wird und sich zudem hochgradig unangemessen gestaltet.

---

[19] M. Eagleton: *Feminist Literary Criticism*, S. 2.

Eine Freiheitsbewegung hatte somit unmittelbar mit der Dekonstruktion von Frauenbildern zu tun: „[W]omen´s liberation was going to come, in some measure, through the analysis of literature".[20]
Die FeministInnen der 1970er Jahre hatten sich demnach unter Anderem dem Projekt der Wiederentdeckung des verlorenen Kontinents weiblicher Erfahrung angenommen, wie Elaine Showalter hier mit Pathos zur Sprache bringt: „the lost continent of the female tradition has risen like Atlantis from the sea of [...] literature".[21] Diese wiederentdeckten Erfahrungen können einerseits die Frau als Rezipientin literarischer Texte betreffen, in denen weibliche Figuren von männlichen Autoren dargestellt werden. Andererseits bezieht sich diese Rekonstruktion ebenso auf die Ebene der Produktion literarischer Texte, indem Texte weiblicher Autorinnen mit in den literarischen Kanon einbezogen werden. Damit spaltet sich die feministische Literaturtheorie in zwei Bereiche, die von Showalter als *feminist critique* und *gynocritics* geprägt wurden. Letzterer widmet sich der Wiederentdeckung und der Analyse literarischer Texte weiblicher Autorinnen, während sich die *feminist critique* mit der Frau als Rezipientin und der Kreation weiblicher Charaktere bzw. mit der Frage beschäftigt, wie literarische Texte, die von Männern produziert wurden, aus Sicht der weiblichen Rezipientin wahrgenommen werden und wie sich unser Verständnis literarischer Texte ändert, wenn von einer weiblichen Leserschaft ausgegangen wird.[22] Die *feminist critique* gründet sich auf die von den frühen FeministInnen beschriebene Beobachtung, dass die traditionelle Literaturkritik die Tendenz aufweist, eine Minderwertigkeit der Frau als naturgegeben anzunehmen und somit keine Einblicke in die weibliche Perspektive liefert, sondern vielmehr die männliche Vorstellung davon, was Weiblichkeit darstellt bzw. darstellen soll. Ursprünglich zielte die *feminist critique* vorranging darauf ab, die verabsolutierte Misogynie in literarischen Texten aufzudecken, entwickelte sich jedoch zunehmend in die Richtung des *revisionist feminist criticism*, der das Hauptaugenmerk nicht darauf legt, das patriarchale Weltbild an den Pranger zu stellen, sondern vielmehr das Verständnis literarischer Texte um eine neue Perspektive zu bereichern. Eine revisionistische Literaturbetrach-

---

[20] Dies.: *Literary Representations of Women.* S. 106.
[21] E. Showalter: *A Literature of Their Own.* S. 10.
[22] Dies.: *Towards a Feminist Poetics.*

tung, welche derart von Judith Fetterly in ihrer Abhandlung über den resistenten Leser geprägt wurde, hat somit die Absicht „to give voice to a different reality and different vision, to bring a different subjectivity to bear on the old `universality´ [...] and thus to change our understanding of these fictions, our relation to them, and their effect on us".[23] Das Ersetzen dieses "alten", verabsolutierten Weltbildes mit einer neuen Subjektivität wird im Rahmen des feministischen Diskurses bis in die 1990er Jahre ausgeweitet und es werden stets neue Kategorien aufgenommen, sodass von einer integrativen Entwicklung die Rede sein kann, die sich von einem weißen Mittelschichtfeminismus zur Anerkennung vielfältiger weiblicher Erfahrungen vollzieht.[24] Die Fragen, welche die feministische Theorie in Bezug auf Sprache und Subjektivität aufwarf, sind gleichermaßen zentraler Gegenstand des zeitgenössischen Diskurses in anderen Bereichen, wie der Linguistik und der Psychoanalyse. Demnach versteht sich die feministische Literaturtheorie seit den 1990er Jahren zunehmend als interdisziplinär und weitet ihren Aktionsradius mit dem *textual turn* auch auf andere Medien aus. Gleichsam entstehen mannigfaltige Strömungen, die sich in den theoretischen Diskurs um Poststrukturalismus und die Rolle der Sprache im Individuum, wie auch die Konstruktion von geschlechtlicher Identität im Rahmen der Psychoanalyse einfügen.[25] Ferner führte die ebenfalls im anglo-amerikanischen Kontext entstandene postkoloniale Literaturtheorie das Konzept eines untergeordneten "Anderen" in Form der Entdeckung bisher kaum beachteter sozio-kultureller Realitäten

---

[23] J. Fetterley: *The Resisting Reader*. S. xii.

[24] Insbesondere Kategorien wie Rasse, Ethnie und Sexualität werden nun in den Diskurs aufgenommen, in den Vereinigten Staaten spielt hier der black feminist criticism im Rahmen der Bürgerrechtsbewegung eine Rolle; vgl. dazu: A. Walker: *In Search of Our Mothers´Garden* und B. Smith: *Towards a Black Feminist Criticism*. Zu einer lesbisch-feministischen Literaturkritik siehe: B. Grier: *Introduction to Lesbian Literature*, L. Doan: *The Lesbian Postmodern* und J. Butler: *Gender Trouble: Feminism and the Subversion of Identity*.

[25] Einige der Hauptwerke des poststrukturalistischen Diskurses im Hinblick auf den Feminismus seien hier genannt: J. Kristeva: *The Kristeva Reader*, L. Irigaray: *Key Writings*, H. Cixous: *La*, Dies./C. Clement: *The Newly Born Woman*.

fort, gleichwie die Queer Theory die Konstruktion des Körpers aufdeckt.[26] Es zeigt sich, dass die existierenden Vorstellungen von Weiblichkeit sowohl textueller als auch körperlich-realer Natur sind, wodurch sie gleichzeitig eine historische Entität, wie auch ein kulturelles Symbol mit vielfältigen Bedeutungen darstellt. Die unterschiedlichen theoretischen Ansätze versuchen, das Weibliche zu beschreiben und den weiblichen Körper zu dekodieren. Eine feministische Literaturtheorie stellt bei diesem Vorhaben ein wichtiges Instrument dar: "Feminist literary criticism offers us a set of fluid and incisive tools for writing and reading this body, and the history of feminist literary criticism explains why it is essential that we continue to use them".[27]

2.2 Feministische Ansätze in Bezug auf die russische Literatur

Aus den meisten Studien mit feministischen Ansätzen in Bezug auf die russische Literatur geht hervor, dass das Konzept des Feminismus im Zusammenhang mit Literatur in der russischen Forschung wenig Anklang findet. Bei Rosalind Marsh heißt es: „feminist criticism of Russian literature had lagged some way behind [...] the reinterpretration of writings by American and European women",[28] während Barbara Heldt in der Einleitung ihrer Studie zu den Heldinnen der russischen Literatur die Forschungssituation noch drastischer beschreibt, indem sie vermerkt: „Russian feminist criticism is almost nonexistent".[29] Diese Feststellungen sind auf die Literaturwissenschaft in Russland zu beziehen und gehen auf verschiedene Faktoren zurück. Marsh liefert auf die Frage, warum dieses „persistent lack of interest in women´s literature"[30] in Russland besteht, eine Darstellung der patriarchalen, russischen Verhältnisse des Literaturbetriebs. Bezüglich einer weibli-

---

[26] Zur postkolonialen Literaturtheorie s.: G.C. Spivak: *Can the Subaltern Speak?*; zur Verbindung mit der Queer Theory s.: M. Foucault : *Histoire de la sexualité* und J. Butler: *Gender Trouble*.
[27] G. Plain/S. Sellers: *A History of Feminist Literary Criticism*, S. 213.
[28] R. Marsh: *Gender and Russian Literature*, S. 2.
[29] B. Heldt: *Terrible Perfection*, S. 4.
[30] R. Marsh: *Gender and Russian Literature*, S. 14.

chen Autorschaft bedeutet dies, dass die männlich dominierte Literaturkritik in Russland in ihren Urteilen gegenüber Autorinnen häufig sehr harte Maßstäbe anlegt. Ferner dominiert die patriarchale Ideologie alle Bereiche des sozialen, politischen und kulturellen Lebens in Russland, sodass auch viele russische Autorinnen und Literaturwissenschaftlerinnen diese Werte verinnerlicht haben. Bezeichnend für diese Situation ist die Tatsache, dass bereits die Begrifflichkeiten ideologisch gefärbt sind. Die Ausdrücke *женская литература* [dt. Frauenliteratur] und *женская проза* [dt. Frauenprosa] sind im Russischen pejorativ konnotiert und suggerieren gleichsam, dass es sich um Pseudoliteratur handelt, die sich um belanglose, triviale und damit bedeutungslose Sujets wie Liebe und andere Gefühle dreht und die damit ihren Platz in der Rangordnung der „großen Weltliteratur" bereits eingebüßt hat. Vor diesem Hintergrund wundert es wenig, dass die Mehrzahl russischer Autorinnen von einer Identifikation mit dem Genre der Frauenliteratur Abstand hält, da dies eine Verunglimpfung ihres Werkes bedeuten würde. Diese radikale Abqualifikation weiblicher Autorschaft wird auch von einem erheblichen Teil der Autorinnen und Kritikerinnen vertreten: Selbst unter Literaturwissenschaftlerinnen westlicher Prägung finden sich Reproduktionen stark patriarchal gefärbter Ansichten: „Women writers, though widely read in Russia, contributed little to the greatness of Russian literature, which has no George Sand, Jane Austen or George Eliot"[31] – diese Einschätzung von Ksenia Gasiorovska legt offen, dass die männlich dominierte Tradition des literarischen Kanons auch von Frauen akzeptiert wird. Diese Tendenz der Annahme und Verbreitung patriarchaler Werte durch weibliche Literaturschaffende lässt sich noch steigern, wenn etwa die Schriftstellerin Lidija Čukovskaja provokativ fragt: „What does `women´s literature´ mean? You can have a women´s sauna, but literature?".[32]
Abgesehen von diesem dominant patriarchalen Diskurs spielen auch kulturhistorische Besonderheiten eine Rolle bei der Frage, aus welchen Gründen eine feministische Literaturtheorie in der russischen Forschung beinahe nicht existent ist. An dieser Stelle ist es wichtig, das Konzept des Feminismus in seiner ursprünglichen Form zu verorten. Es handelt sich um ein

---

[31] X. Gasiorowska: *Women and Russian Literature,* S. 520.
[32] Zitiert nach R. Marsh: *Gender and Russian Literature,* S. 15.

Vorhaben, welches der Emanzipation aus den patriarchalen Werten in den Geschlechterbeziehungen dienen sollte und soziokulturell im Westen lokalisierbar ist. Der Begriff des Feminismus spielt in Russland bis heute eine unwesentliche Rolle und ist überwiegend negativ konnotiert.[33] Wenn von Feminismus die Rede ist, muss somit verdeutlicht werden, ob von einer Konzeption von Feminismus die Rede ist, die dem westlichen oder dem russischen Verständnis entspricht. Bei der westlichen Vorstellung von Feminismus handelt es sich zudem um ein theoretisches Fundament, welches die diskriminierende Seite der Geschlechterdifferenz aufzeigen soll. Bereits dieses Differenzmodell ist jedoch vor dem soziokulturellen Hintergrund Russlands nicht aufrecht zu erhalten, da spätestens mit den sozialistischen Bestrebungen zur Eliminierung jeglicher Geschlechterdifferenz die Betonung der Unterschiede einem Modell des gemeinschaftlichen Miteinanders gewichen ist. Durch die Proklamation des neuen Menschen des Sozialismus, welcher geschlechtsbedingten Unterschieden nicht unterworfen ist, sowie durch die verfassungsrechtliche Gleichstellung 1936 wurde eine kritischer Diskurs zu Geschlechterrollen in Russland obsolet, denn die „Geschlechterfrage" war von offizieller Seite gelöst.

Nichtsdestotrotz bleibt zu erwähnen, dass durchaus eine Tradition feministischer Schriften in Russland vorhanden war und ist, welche insbesondere von den 1880er Jahren bis nach der Revolution in die 1920er Jahre hinein gepflegt wurde. Rosalind Marsh vermerkt, dass diese Phase des russischen Feminismus größere Aufmerksamkeit verdient als ihr bisher in der Feminismusforschung zukommt. Sie erklärt die Vernachlässigung feministischer Schriften von Autorinnen wie Aleksandra Kollontaj, Anastasija Krandievskaja und Ol'ga Šapir mit einer Tradition von Feminismusfeindlichkeit, welche tief in der patriarchalen russischen Kultur verankert sei, sowie mit der bereits erwähnten Tatsache, dass den Geschlechterbeziehungen während der Sowjetzeit keine größere Beachtung geschenkt wurde.[34] Dennoch existieren Zeugnisse kritischer Überlegungen aus der Sow-

---

[33] Ebert geht in ihrem „Plädoyer für die Genderforschung" so weit, den Terminus *Feminismus* in Russland als Schimpfwort zu bezeichnen, das u.A. impliziere, dass es sich um eine Erfindung einer saturierten westlichen Gesellschaft handele; s. C. Ebert: *„Die Seele hat kein Geschlecht."*, S. 13.

[34] R. Marsh: *Gender and Russian Literature*, S. 18-19.

jetzeit, die durchaus als feministische Kritik bezeichnet werden können. So beschreibt der russische Literaturkritiker Abram Terc in seinem Aufsatz *Čto takoe socialističeskij realizm?* [dt. Was ist sozialistischer Realismus?] in ironischem Ton die zentralen Sujets in der russischen Literatur des 19. Jahrhunderts und stellt fest, dass diese „знает великое множество любовных историй, в которых встречаются и безрезультатно расстаются неполноценный мужчина и прекрасная женщина" [dt. „kennt eine Unzahl von Liebesgeschichten, in denen sich ein unfähiger Mann und eine schöne Frau ohne jegliches Resultat begegnen und wieder trennen"].[35] Seine Beschreibung der Geschlechterbeziehungen und Weiblichkeitsentwürfe, denen eine ähnlich sarkastische Note anhaftet wie obigem Zitat, liest sich als feministische Kritik, in der gezeigt wird, dass von weiblichen Charakteren nicht viel mehr verlangt werden kann als das, was sie für den männlichen Helden symbolisieren. Dies verleitet Barbara Heldt gar zu der Aussage, es handele sich bei Terc´ Passage zur Rolle der weiblichen Charaktere um „perhaps the best piece of feminist criticism ever written in Russian".[36]

Anhand dieser Überlegungen wird deutlich, warum ein feministischer Diskurs in Russland zwar angeregt wurde, jedoch schwer zu verankern war. So erklärt sich auch, warum feministische Klassiker wie etwa Simone de Beauvoirs *Das andere Geschlecht* erst in den 1990er Jahren in Russland erschienen sind. In aktuelleren Debatten zur Genderforschung in Russland forderten russische Wissenschaftlerinnen noch 2002 die Übersetzung feministischer Klassiker in die russische Sprache sowie ein Überdenken des diskursiven Kontextes, in welchem diese Texte rezipiert werden.[37] Es ist notwendig, klar zu differenzieren, welchem Kontext feministische Texte entspringen und inwiefern ihre Anwendung auf andere Kontexte sinnvoll gestaltet werden kann.

Die Frage, ob sich die westliche Forschung in der Verantwortung fühlen darf, die historischen und politischen Umstände zu beschreiben, unter welchen russische Frauen Literatur produzieren und konsumieren, wird zuwei-

---

[35] А. Терц: *Что такое социалистический реализм?* , S. 426, dt. Übers.: T.J.
[36] B. Heldt: *Terrible Perfection*, S. 16.
[37] A. Temkina/E. Zdravomyslova: Feministische Übersetzung in Rußland.

len kontrovers diskutiert.[38] Die Amerikanerin Rosalind Marsh kontert jedoch mit der Aussage, die Beschreibung dieser Zustände sei nicht „to impose arbitrary western feminist models on the very diffferent experience of Russian women".[39] Unter diesen Voraussetzungen entsteht in der westlichen Forschung (insbesondere im anglo-amerikanischen Raum) eine feministische Literaturkritik mit Bezug zu Russland, welche seit den 1980er Jahren vermehrt Werke zur Wiederentdeckung des „verlorenen Kontinents" weiblicher russischer Literatur beigetragen hat. Diese Studien konnten durchaus von den Erkenntnissen aus der Feminismusforschung anderer Kontexte profitieren und diese auf die spezifische russische Situation anwenden. Eines der wichtigsten Forschungsvorhaben der 1980er Jahre war zunächst die Re-Interpretation des russischen literarischen Kanons unter der Annahme einer weiblichen Leserschaft.[40] Seit den 1990er Jahren erschienen vermehrt Literaturgeschichten mit einem Fokus auf *gynocritics* und Arbeiten mit der zentralen Frage, ob in Russland eine separate weibliche Literaturtradition existiert und wie diese zu periodisieren sei.[41] In neueren Arbeiten steht häufig eher die Frage nach der Art der Repräsentation von Weiblichkeit im Vordergrund: In ihrer Abhandlung zum Genderdiskurs in der russischen Kultur liefert Christa Ebert einen übersichtlichen Abriss über die Repräsentation von Weiblichkeit und ihren kulturhistorische Wurzeln. Sie zeigt auf, dass eine Darstellungstradition besteht, in der die Misogynie der orthodoxen Lehre in Form von Stigmatisierung neben einer auf heidnische Traditionen zurückgehende Heroisierung der Frau existiert. Wenngleich Eberts Aufzeichnungen einen guten kulturhistorischen Überblick vom Frauenbild von der altrussischen bis zur sowjetischen Zeit vermitteln, übersieht sie in ihrer Schlussfolgerung eines positiven Weiblichkeits-

---

[38] S. L. Lissyutkina: *Soviet Women at the Crossroads of Perestroika.*
[39] R. Marsh: *Gender and Russian Literature,* S. 16.
[40] Neben Heldts *Terrible Perfection* zählt u. A. zu den Hauptwerken der Re-Interpretation des russischen Kanons aus den 1980er Jahren: J. Andrew: *Women in Russian Literature, 1780-1863.*
[41] F. Göpfert: *Dichterinnen und Schriftstellerinnen in Russland,* ders.: *Russland aus der Feder seiner Frauen,* ders.: *Русские писательницы и литературный процесс,* И. Савкина: *Провинциалки русской литературы,* C. Kelly: *A History of Russian Women´s Writing,* A. M. Barker/J. M. Gheith: *A History of Women´s Writing in Russia.*

bildes in der russischen Literatur jene Art der Diskriminierung, welche von Barbara Heldt als „Terrible Perfection" bezeichnet wird.[42] Ebert zieht das Resümee, die Besonderheit dieser literarischen Entwürfe sei, dass „positive Eigenschaften wie Stärke, Kraft und moralische Integrität nicht von Männern, sondern von Frauen verkörpert werden"[43] und deutet diese Heroisierung als Zeichen einer positiven Wertigkeit von Weiblichkeit. Sie verkennt jedoch die Tendenz, dass Idealisierung auch als eine Form von Reduktion und Diskriminierung interpretiert werden kann. Diese Tendenz zeigt Heldt in ihrer Studie zur Kontrastierung der Weiblichkeitsdarstellungen, welche von männlichen Autoren entworfen wurden, mit denen weiblicher Autorinnen. Sie zeigt eine Prosatradition auf, in der die Porträtierung von idealisierten Heldinnen aus männlicher Feder als normal angesehen werden, während kein entsprechendes männliches Äquivalent in der Prosa weiblicher Autorinnen zu verzeichnen ist. Diese Asymmetrie erstreckt sich sowohl auf die Helden wie auch auf die Heldinnen, da weder eine Norm eines romantisierten oder idealisierten männlichen Helden aus der Feder von Frauen existiert, noch wurde hier die Perfektion der Heldinnen akzentuiert dargestellt.[44]

---

[42] C. Ebert: „*Die Seele hat kein Geschlecht.*", insbesondere der Einleitungstext, S. 9-29; zum Terminus „Terrible Perfection s.: B. Heldt: *Terrible Perfection*. Für eine Abhandlung über das Motiv der starken Frau s.: V. S. Dunham: „*The Strong-Woman Motif*".

[43] C. Ebert: „*Die Seele hat kein Geschlecht.*", S. 19.

[44] B. Heldt: *Terrible Perfection*, S. 7.

3. Der Tod und das Mädchen

Im Zuge der Re-Interpretation literarischer Texte mit der Annahme einer weiblichen Leserschaft als Rezipienten wurde die feministische Forschung auf ein Sujet aufmerksam, welches die Gewaltverhältnisse, die sich aus den Geschlechterbeziehungen ergeben, in pointierter Form darstellt: Das literarische Phänomen des weiblichen Todes, der als ästhetisches Mittel inszeniert wird, erscheint als eine besonders grausame Variante der Darstellung von Weiblichkeit. Dennoch handelt es sich bei dem Motiv der Begegnung von Weiblichkeit mit dem Tod um eine Konstante in der Literatur und Kunst:

> „Es ist offenbar ein tiefsitzendes anthropologisches Motiv. Das mag einer der heimlichen Gründe sein, warum die Begegnung der Mädchen mit dem Tod so nachhaltig die europäische Kultur durchzieht: Von den europäischen Gründermythen bis in die Kunst, ja auch und gerade in die Alltagskultur der Gegenwart ist dieses Zusammentreffen stets präsent".[45]

Tatsächlich kann die ästhetische Koppelung von Weiblichkeit und Tod Faszination und Schrecken gleichermaßen auslösen. Diese ästhetische Wirkung ist zweifelsohne ein Grund für die „lustvolle Inszenierung"[46] des weiblichen Todes, die sich durch die Kunst- und Literaturgeschichte von der Antike bis heute zieht und das Sujet zu einem zeitlosen und universalen Topos avancieren ließ.[47] Die Ausprägung dieses „Mortifikationsprozesses, dem die Frauen [...] reihenweise zum Opfer fallen",[48] wie Renate Berger und Inge Stephan das Phänomen beschreiben, ist in seinen Erscheinungsformen vielseitig. Es lassen sich drei Varianten des Topos beschreiben, die allesamt dem Paradigma aus Weiblichkeit und Tod zuzuordnen sind. Konkret handelt es sich um literarische Weiblichkeitsentwürfe, welche zunächst widersprüchlich erscheinen: Frauenfiguren können sowohl die Getötete als auch die Tötende darstellen (auch beides in einer Figur ist möglich – man denke nur an Lady Macbeth, die zugleich skrupellos Mordende und schuld-

---

[45] G. Kaiser: *Der Tod und die schönen Frauen*. S. 7.
[46] R. Berger/I. Stephan: *Weiblichkeit und Tod in der Literatur*, S. 2.
[47] Zur Rolle weiblicher Personen in Bezug auf Sterben und Tod in der griechischen Antike s.: W. Neumer-Pfau: *Töten, Trauern, Sterben – Weiblichkeitsbilder in der antiken griechischen Kultur.*
[48] R. Berger/I. Stephan: *Tod und Weiblichkeit in der Literatur*, S. 4.

geplagte Sterbende ist, indem sie sich durch Suizid von der Last der Schuld befreit). Diese beiden Typen können verschiedenartige Konturen annehmen:

> „Als ermordende Töchter, als tote Geliebte, als leblose Marmorstatuen, als schöne Leichen sind sie Opfer männlichen Herrschafts- und Besitzdenkens, Objekte eines tödlichen Begehrens. Als mordende, tötende, Tod bringende Mänaden, als phallische, kastrierende Frauen feiern die Toten ihre Wiederauferstehung im Text. Klytämnestra, Medea, Judith, Salomé – sie alle sind Variationen eines Themas: der Wiederkehr der Verdrängten, Ausgegrenzten, Getöteten".[49]

Zwischen diesen beiden Ausprägungen des Topos befindet sich noch eine dritte Form der Koppelung von Weiblichkeit und Tod. Diese vollzieht sich in der Aussparung, in der Absenz, dem Schweigen, der Sprachlosigkeit; in Mangel und Lücke stellt sich der Ausschluss aus dem männlichen Diskurs dar. Als Halbtote, der sämtliche Vitalität abgängig geworden ist, kann sie ebenfalls vielerlei Gestalt annehmen: Die Unzahl an weiblichen Figuren, die schlichte Stereotypen ohne psychologische Vielfalt darstellen und jeglicher Individualität entsagen, entsprechen keinem authentischen Weiblichkeitsbild, sondern sind vielmehr eine Projektionsfläche männlicher Vorstellungskraft. Daher ist diese Art der Frauenfigur an der Schwelle zwischen Tod und Leben anzusiedeln, da sie als stumme Aussparung nicht mehr als einer Halbtoten entsprechen kann.

Es stellt sich die Frage, was sich in dem Motiv in seinen verschiedenen Ausprägungen verdichten kann, um die Gründe für die offenbar universelle Beliebtheit in Kunst und Literatur aufzuzeigen.[50] In der eingangs zitierten Aussage von Edgar Allen Poe zeigt sich, dass die Tötung der Frau weit über eine inhaltliche Darstellung hinausreicht. An dieser Stelle wird deutlich, dass ein Zusammenhang zwischen weiblichem Tod und Ästhetik besteht. Insbesondere in Texten des Sentimentalismus dient die Inszenierung des weiblichen Todes gar der Intention, melancholische oder rührselige Empfindungen zu evozieren, man denke nur beispielsweise an Texte, in denen unschuldig verführte, schöne Mädchen als Leichen enden, welche den Eindruck von Anmut und Erhabenheit wecken sollen. Als ein "Prototyp" dieser

---

[49] R. Berger/I. Stephan: *Tod und Weiblichkeit in der Literatur*, S. 2.
[50] Zur Untersuchung von Todesbildern im Zusammenhang mit Weiblichkeit s.: K. S. Guthke: *Ist der Tod eine Frau?*

Art von Frauengestalt kann in der russischen Literatur Karamzins Bauernmädchen *Bednaja Liza* [dt. Titel: *Die arme Lisa*] gelten, die sich nach erfolgreicher Verführung durch den Edelmann Ėrast, ihrer Unschuld beraubt, in einem Tümpel ertränkt. Ihr Tod (wie übrigens auch die gesamte Gefühlswelt der Figur im Laufe der Erzählung) wird gleichsam zu einem Mittel sentimentalistischer Ästhetik. Der Zusammenhang aus Schönheit und Tod wird in der Beschreibung, wie ihre Leiche aus dem Wasser gezogen wird, explizit erwähnt: „[...] вытащили Лизы, но она была уже мертвая. Таким образом скончала жизнь свою прекрасная душою и телом" [„[...] man zog Lisa aus dem Wasser – sie war aber schon tot. So machte sie, schön an Leib und Seele, ihrem Leben ein Ende"].[51] Dieses Phänomen der ästhetischen Koppelung bleibt jedoch nicht auf die Epoche der Empfindsamkeit beschränkt: So wird die Frau des Protagonisten in Dostoevskijs *Krotkaja* [dt. Titel: *Die Sanfte*] sehr detailreich gleich zu Beginn der Erzählung als aufgebahrte Tote beschrieben, deren Anblick dem Helden Vergnügen bereitet. Ein Vergleich mit Schneewittchen im gläsernen Sarg liegt nahe und zeigt: „Das erotische Begehren [...] verlagert sich [...] auf eine Ebene des Betrachtens. Der Akt des Sehens bedeutet Besitz und Genuß, wobei die Frau die Bedingungen dieses Begehrens am besten erfüllt, [...] wenn sie absolute Hülle ohne Seele und Selbst ist".[52] Diese Tötungen dienen damit einem Lustgewinn des männlichen Lesers, weisen in ihrer Symbolik jedoch auf mehr als eine imaginierte Nekrophilie: Die ästhetische Inszenierung der schönen Toten verweist ebenso auf die Poetizität des Textes als Kunstwerk. Wenngleich auf der inhaltlichen Ebene des Textes eine gewaltsame Opferung der Frau zum Ausdruck kommt, so wird der Text auf der symbolischen Ebene selbstreferentiell, indem der Inhalt an eine poetologische Aussage gebunden ist. Elisabeth Bronfen zeigt in der oben zitierten Untersuchung zum Motiv der Frauenleiche, dass am Körper der Frau Kunstnormen verhandelt werden. In der schönen Leiche findet sie eine Analogie zum Schaffen eines Kunstwerks, da dieses das Töten lebendiger Erfahrung in Materie mit sich bringt.[53] Das bedeutet: „der Künstler tötet Erfahrung, wenn er sie in Kunst umsetzt, denn die zeitliche Erfahrung kann dem Tod

---

[51] Н.М. Карамзин: *Бедная Лиза*, S. 38, dt. Übers. ebd., S. 39.
[52] E. Bronfen: *Die schöne Leiche*, S. 94
[53] Ebd., S. 89-91.

nur entkommen, in dem sie in die Unsterblichkeit der künstlerischen Form hineinstirbt".[54]

Neben dieser Tötung der Frau kann sich die Koppelung von Weiblichkeit und Tod auch dergestalt ausdrücken, dass Frauenfiguren ihr Schicksal in die eigene Hand nehmen, zur Mörderin werden und damit eine Allegorie für den Tod darstellen können. In dieser Versinnbildlichung zeigt sich, dass die Frau zur Repräsentantin des Chaotischen und Unkontrollierbaren wird, welches potentiell todbringend für den Mann ist. Die Mordende ist somit eine Repräsentatin von Weiblichkeit, die einem Stereotyp der bösartigen, bedrohlichen und gefährlichen Frau entspricht, welche ein Extrem darstellt, dem gegenüber die stilisierte Tugendhaftigkeit à la *Bednaja Liza* als Abbild von Weiblichkeit steht. In beiden Stilisierungen (sowohl die unschuldige Getötete als auch die schuldige Tötende) vollzieht sich am Körper der Frau die Wiederherstellung der normativen Weltordnung durch ihre Opferung. Welche Ausprägung die Werte, welche mit dem Tod verbunden werden, annehmen, ändert zunächst nichts am Tatbestand der Opferung. Während der Tod der unschuldigen Getöteten dem erlösenden Tod Christi entspricht, durch den die Schuld anderer mit gesühnt wird, werden die schuldigen Tötenden für ihren bewussten Verstoß gegen die Gesellschaftsordnung stellvertretend geopfert.[55] So ist es nicht verwunderlich, dass beispielsweise Katerina L'vovna in Leskovs *Ledi Makbet iz Mcenskogo uezda* [dt. Titel: *Lady Macbeth aus dem Landkreis Mzensk*] für ihre Morde an all denjenigen, die der Liebe zu ihrem Knecht Sergej im Wege stehen, am Ende mit dem Ertrinken in der Wolga bestraft wird. Für die Verletzung der gesellschaftlichen Ordnung muss Katerina mit dem eigenen Tode büßen, sodass die herrschende Norm wiederhergestellt ist. Auch dieses Phänomen ist nicht auf eine literarische Epoche beschränkt, sondern reicht weit über den Realismus hinaus. Das gleiche Prinzip der Regeneration findet sich beispielsweise auch in Zamjatins *Navodnenie* [dt. Titel: *Hochwasser*], in welchem Sof'ja zur Mörderin an ihrer Gegenspielerin Ganka wird und sich schließlich mit ihrem Tod am Kindsbett der normative Weltentwurf neu bestätigt. Hier wird deutlich, dass das Sujet der Getöteten seine Attraktivität

---

[54] A. Gelpi: *Emiliy Dickinson and the Deerslayer*, S. 129.
[55] E. Bronfen: *Die schöne Leiche*, sowie diess.: *Over Her Dead Body*.

auch dadurch gewinnt, dass diesem die Störung der Ordnung, welche gleichzeitig eine Dynamisierung darstellt, vorausgeht. Die Stabilität der Ordnung wird jedoch dadurch gewährleistet, dass die Norm durch das Sujet stets erst durchkreuzt und gestört wird, um sodann wiederhergestellt zu werden.

Die dritte Form, welche das Sujet annehmen kann, ist die Tötung der Frau, die sich dergestalt äußert, dass sie bereits in ihren Lebzeiten eine Halbtote darstellt. Dies ist insbesondere dann der Fall, wenn Frauenfiguren erschaffen werden, die der Tilgung jeglicher Individualität unterworfen sind oder wenn die Frau nur in Form einer Aussparung oder Schweigen vorhanden ist. Indem sie als Halbtote gesetzt wird, wird sie bereits vor ihrem tatsächlichen Tod in einem Bereich verortet, der weder Leben noch Tod ist. Festhalten lässt sich dieser Bereich jedoch letztendlich nur im toten Körper der Frau: denn

> „[a]m toten Körper glaubt man, die Schwelle zwischen Leben und Tod konkretisiert betrachten zu können. Ist der Körper nun gänzlich diesseits, so ist die Seele bereits im Jenseits, im Absoluten. Der Körper, nun reine Oberfläche, reine Figur ohne auszeichnende Merkmale, scheint auf das Jenseits zu verweisen".[56]

Indem die Frau als eine Halbtote konzipiert wird, wird dem Bedürfnis Rechnung getragen, ein Medium zu erschaffen, mit dessen Hilfe eine Ahnung vom Jenseits erlangt werden kann.

---

[56] E. Bronfen: *Die schöne Leiche,* S. 106-107.

4. Turgenevs Frauenfiguren

Turgenev hat den Ruf, einige der schillerndsten Frauenfiguren der russischen Literatur erschaffen zu haben und ist zudem als Befürworter der Emanzipation in die Annalen eingegangen: „He was indeed credited with [...] being the first Russian writer to paint a realistic portrait of the progressive woman who took her first step in the new life, a fact which [...] was equally rare in both society and literature".[57] Tatsächlich kann davon ausgegangen werden, dass den Frauenfiguren in Turgenevs Werk eine erhebliche Vorbildfunktion in den emanzipatorischen Bestrebungen realer Frauen im späten 19. Jahrhundert zukam.[58] In diesem Lichte erscheint eine Re-Evaluation der Frauenfiguren in Turgenevs Werk umso relevanter, zumal er bis heute zum Kanon der russischen Literatur zu zählen ist. Bei genauer Betrachtung der Turgenevschen Frauenfiguren zeigt sich jedoch eher ein Wandel im Frauenbild, welches sich ausgehend von stereotypisierten Repräsentationen des unschuldigen Opfers oder der dämonischen Verführerin hin zu einer aktiven und unabhängigeren Frau verändert, die danach strebt, ihr Schicksal selbst in die Hand zu nehmen. Zweifellos ist eine Elena in *Nakanune* [dt. Titel: *Am Vorabend*] oder auch eine Mar'ja Aleksandrovna in *Perepiska* [dt. Titel: *Ein Briefwechsel*] Zeichen einer beachtlichen Änderung in der Darstellung von Weiblichkeit im Vergleich zu vorherigen Frauenfiguren in der russischen Literatur. Diesen Wandel in der Darstellung lässt Andrew das Werk Turgenevs in Bezug auf die entworfenen Frauenbilder neu bewerten: „if we look at Turgenev's female portraits more generally, his work must be seen as only a transition".[59] Nichtsdestotrotz geht es bei der Wahl des eigenen Schicksals beider Figuren nicht um die Wahl eines selbstbestimmten Lebensweges, sondern um die Wahl des richtigen Mannes.[60] Ferner ist zu vermerken, dass die typische Turgenevsche Frauenfigur, sofern von ihr überhaupt die Rede sein kann, einem weitaus anderen

---

[57] C. de Maegd-Soep: *The Emancipation of Women in Russian Literature and Society*, S. 197.
[58] Zum Motiv der sich emanzipierenden Frau in *Nakanune* als Beispiel s.: J. R. Döring: *Von Kupferkasserolen und dem „Ende der Welt"*.
[59] J. Andrew: *Women in Russian Literatur, 1780-1863*, S. 112.
[60] In Bezug auf *Nakanune* s.: V. Ripp: *Turgenev's Russia*, S. 173.

Typus entspräche, nämlich dem der starken, idealistischen Frau, welche einem *überflüssigen Helden*[61] gegenüber steht. Dieser wird bei Abram Terc sehr trefflich beschrieben:

> „Центрального героя этой литературы – Онегина, Печорина, Бельтова, Рудина, Лавренцкого и мн. др. – называют обычно «лишним человеком», за то, что он – при всех заключенных в нем благородных порывах - не способен найти себе назначение, являя плачевный пример никому не нужной бесцельности. Это, как правило, характер рефлектирующий, склонный к самоанализу и самобичеванию. Его жизнь полна неосуществленных намеренний, а судьба печальна и немного смешна. Сыграть в ней роковую роль обычно предоставлено женщине".[62]
>
> [dt.: Der zentrale Held dieser Literatur – des Onegins, Pečorins, Bel'tovs, Rudins, Lawrence, uvm. – nennt sich gewöhnlich „der überflüssige Mensch", darum, weil er – trotz aller nobler Regungen – nicht fähig ist, eine Aufgabe für sich zu finden und damit ein klägliches Beispiel der nutzlosen Ziellosigkeit zeigt. Es handelt sich in der Regel um einen Charakter des Reflektierenden, der zu Selbstanalyse und –zweifel neigt. Sein Leben besteht aus nicht durchgesetzten Absichten und sein Schicksal ist traurig und ein bisschen komisch. Die fatale Rolle seines Lebens spielt gewöhnlich eine Frau.]

Hier wird deutlich, dass der männliche Held auch darüber definiert wird, dass er in der Liebe zu einer Frau scheitert. Der *überflüssige Held* scheint nicht in der Lage, seine Liebesgefühle zu bewältigen, wodurch er sich seinen Zugang zum Glück selbst verwehrt. Die Frauenfiguren jedoch besitzen die Fähigkeit zu lieben und es ist ebendiese Fähigkeit, die sie als moralisch überlegene und emotional integere Charaktere zum Typus der *starken Frau* erwachsen lässt.[63] Diese idealisierte, starke Heldin ist analog zum *überflüssigen Helden* als Turgenevsche Frau in die Annalen der Literaturgeschichte eingegangen:

> „When using the definition «Turgenev's women» we refer to those characters who distinguish themselves by their enormous spiritual and mental strength, their longing to make themselves socially useful and their capacity to engage in the

---

[61] Der Begriff des *überflüssigen Helden* ist dem Titel von Turgenevs Erzählung *Дневник лишнего человека* entsprungen, wenngleich das literarische Phänomen bereits schon aus früheren Epochen bekannt ist.
Für ein Analyse zum überflüssigen Helden (*лишный человек/герой*) bei Turgenev, s.: В.М. Маркович: *«Русский европеец» в прозе Тургенева 1850-х годов.*

[62] А. Терц: *Что такое социалистический реализм?* , S. 425-426.

[63] S. die Untersuchung von V. Dunham: *„The Strong-Woman Motif".*

fight against all possible obstacles at whatever expense. The spark which inflamed the potential forces of «Turgenev´s women» was, of course, love".[64]

Die Gegenüberstellung einer jungen, idealistischen und verliebten Frau und einem älteren, nicht zu lange währenden Liebesgefühlen fähigen Mann ist ein führendes Motiv in der Prosa Turgenevs. Der Held ist dabei – unfähig das Glück im Leben zu finden - immer in der Rolle des moralisch Unterlegenen. Sobald einer der beiden Partner sich jedoch einem augenblicklichen Liebesglücksgefühl hingibt, so resultiert diese Hingabe unweigerlich in fatalem Schicksal, nicht selten sogar mit dem Tode. Die Liebe wird somit zu einer dämonischen Macht, deren unheilvoller Ausgang bereits vorbestimmt ist.

Hinsichtlich der Konzeption der *starken Heldin* macht Barbara Heldt darauf aufmerksam, dass diese eine problematische Prosatradition konstituiert, indem die Portraits idealisierter Heldinnen aus männlicher Feder als angemessen und gebräuchlich betrachtet werden, während weder eine äquivalente Prosatradition eines männlichen idealistischen Helden, noch eine Tradition des betonten Perfektionismus der Frauenfigur aus der Feder von Autorinnen besteht.[65] Ferner wendet Heldt ein, dass in Bezug auf den weiblichen Teil des scheiternden Paares von Annahmen ausgegangen wird, die bei genauerer Betrachtung widerlegt werden müssen: Die Ansicht, die *starke Heldin* sei „equal of the male in fictive fullness, as well as his superior in moral qualities"[66], ist kritisch zu betrachten. Denn gemessen an der Repräsentation im Text ist die weibliche Figur in den meisten Fällen in höchstem Maße unterrepräsentiert, man denke z.B. an die Brieferzählungen Turgenevs, in denen weibliche Charaktere häufig gar nicht zu Wort kommen und nur durch die Feder des schreibenden Mannes repräsentiert werden. Wichtig ist in diesem Zusammenhang auch die Tatsache, dass es sich bei diesen Frauenfiguren nicht um wirkliche Heldinnen handelt, um die sich die Geschehnisse drehen, sondern dass sie meist nur existieren, um eine entsprechende Handlungsmotivation für den Mann zu liefern. In Bezug auf die Behauptung, die Frauenfiguren seien den Männern moralisch überle-

---

[64] C. Maegd-Soep: *The Emancipation of Women in Russian Literature and Society*, S. 206-207.
[65] B. Heldt: *Terrible Perfection*, S. 7.
[66] Ebd., S. 13.

gen, ist die Tatsache erwähnenswert, dass sich im Werk Turgenevs eine Vielzahl an Frauenfiguren findet, welche auf groteske und überspitzte Art in ihrer Unvollkommenheit gezeigt werden (insbesondere die für den Protagonisten wenig attraktiven älteren Damen, die dem Weiblichkeitsmythos der alten Hexe entsprechen).[67]

Neben diesen Überlegungen stellt sich die Frage, warum in der beschriebenen Figurenkonstellation gerade diese Frauen so häufig dem Tode geweiht sind, wo sie doch für ihre moralische Überlegenheit der Gerechtigkeit halber gewissermaßen mit dem Leben belohnt werden müssten. Wenngleich der Tod im Werk Turgenevs ein vorherrschendes Motiv ist, der Figuren beiderlei Geschlechts heimsucht, so erscheint jedoch insbesondere die vermeintliche Lobeshymne an die Weiblichkeit in Form idealisierter Frauenfiguren in starkem Kontrast zu ihrem am Ende der Erzählung eintretenden Tod.[68] Die Antwort auf diese Frage geht weit über Turgenev hinaus: Erst die Annahme, dass Tod und Weiblichkeit einem Paradigma entstammen und dicht miteinander verwoben sind, liefert eine Erklärung für das paradox erscheinende Phänomen. Ebenso ergibt sich aus ihr eine Rechtfertigung für die negativ gestalteten Frauenfiguren, welche eine Gefahr für die bestehende Ordnung darstellen und daher potentiell todbringend sind.

Im folgenden Kapitel werden die späten Erzählungen Turgenevs im Hinblick auf das Phänomen einer Verknüpfung von Weiblichkeit und Tod untersucht. Es wird die Frage nach der Darstellung der weiblichen Hauptfigur gestellt und insbesondere der Grund für ihren Tod beleuchtet. Bei der Entschlüsselung des Paradigmas liegt insbesondere die Darstellung von Weiblichkeit im Blick, welche mit Hilfe der feministischen Literaturkritik sehr gut aufgezeigt werden kann. Unter die Kategorie der zu analysierenden Erzählungen sollen hier jene Erzählungen Turgenevs fallen, die ab Mitte der 1850er Jahre verfasst wurden und in denen eine weibliche Figur erheblich zum Geschehen beiträgt sowie auf eine Weise mit dem Tode verbunden ist. Diese Verbindung kann sich, wie oben geschildert, verschiedentlich äußern, sei es als Getötete, als Tötende oder auch als Halbtote. Auf eine Übernahme

---

[67] Heldt: *Terrible Perfection*, S. 13-15.
[68] Für eine übersichtliche, jedoch unvollständige Auflistung der sterbenden Charaktere im Werk Turgenevs s. W. Kasack: *Der Tod in der russischen Literatur*, S. 346-349.

gängiger Kategorisierungen der Erzählprosa Turgenevs soll hier verzichtet werden, da in der Forschung keinerlei Einigkeit in Bezug auf die Einteilung seines Prosawerkes herrscht.[69] Die späten Erzählungen Turgenevs eignen sich insbesondere für eine derartige Analyse, da hier nicht nur der Tod selbst eine herausragende Rolle spielt, sondern auch in erheblichem Maße Frauengestalten mit ihm verknüpft sind bzw. schlichtweg sterben müssen. Wenngleich Turgenevs Frauenfiguren in der Erzählprosa bereits vor 1855 gelegentlich dahinscheiden, so ist jedoch die schiere Anzahl der sterbenden Frauenfiguren seit Mitte der 1850er Jahre besonders auffällig. Ferner finden sich in den späten Erzählungen vermehrt Frauenfiguren als Todesbotinnen oder Allegorien für den Tod. Die besondere Rolle des Todes in den späten Erzählungen wird in der Forschung verschiedentlich bewertet. Bei Koschmal geht die vermehrte Verwendung des Todesmotivs auf eine Hinwendung zum Symbolismus zurück, welche sich erst in den späten Erzählungen kristallisiert. Dabei entspringt das Geheimnisvolle, Mysteriöse in den Erzählungen einer bedrohlichen und fantastischen Gegenwelt, welche

---

[69] Abgesehen von den *Записки охотника*, welche üblicherweise eine gesonderte Kategorie der Erzählungen bilden, werden die Erzählungen auf unterschiedliche Weise kategorisiert. Bei Brang erfolgt die Einteilung in *frühe, lyrische* und *geheimnisvolle Novellen*. Den Begriff der *frühen Novelle* wählt Brang, da hier noch Anklänge an Puškin, Gogol und Lermontov zu finden sind, die *lyrischen* erhalten ihren Namen von der lyrischen Funktion der Landschaft, während die Bezeichnung *geheimnisvolle Novellen* nicht näher gerechtfertigt wird (s. P. Brang: *I. S. Turgenev*, S. 50-51 und S. 123). Bei Kluge ist in Bezug auf die frühen Erzählungen, denen er auch eine Verwandtschaft zu den Erzählungen Puškins und Gogol bescheinigt, von *Handlungsnovellen* die Rede. Zwar übernimmt Kluge den Begriff der lyrischen Novelle von Brang, unterteilt diese jedoch noch in *Liebesnovellen* und *Problemnovellen* (in welchen er neben der Liebe gesellschaftliche oder moralische Probleme als vordergründiger erachtet). Kluge spricht auch von *späten Novellen* (in denen er die Rolle der Natur hervorhebt), bezieht diese Bezeichnung jedoch nicht auf seinen Begriff der *phantastischen Novellen*, in welchen sich *Erzählungen*. Ferner findet sich hier eine weitere Kategorie: die so bezeichneten *realistischen Novellen* heißen so, da hier die Menschen besonders realistisch porträtiert werden und sie heben sich daher von den *Liebesnovellen*, in welchen Liebeserlebnisse im Vordergrund stehen ab (s. D. Tschiževskij: *Russische Literaturgeschichte des 19. Jahrhunderts*, S. 45-47). Ein weiteres Beispiel für eine kritische Betrachtung der Kategorisierung liefert Seeley, der vorschlägt, die *phantastischen* (hier: *mysterious* oder *fantastic*) Erzählungen nach chronologischen oder formalen Gesichtspunkten weiter zu kategorisieren. (s. F. F. Seeley: *Turgenev*, S. 253-255).

unmittelbar mit bösen, todbringenden Kräften assoziiert wird. Verknüpft ist diese ominöse Macht häufig auch mit der Liebe bzw. die Liebe ist das Medium, durch welche die todbringende Gegenwelt Macht auf die Helden ausübt.[70] In ihrer Untersuchung zum Einfluss der (insbesondere deutschen) Romantik auf die späten Erzählungen (hier: *supernatural stories*) stellt Eva Kagan-Kans fest, dass sich sämtliche abnormale Phänomene, neben den unerforschten Bereichen der menschlichen Psyche und deren Auswirkungen auf zwischenmenschliche Beziehungen, um die unvermeidliche Anwesenheit des Todes drehen. Dadurch herrscht in diesen Erzählungen eine Assoziation zwischen mysteriösen Kräften in der menschlichen Seele und dem Tod vor.[71] Das vorherrschende Sujet des Fantastischen sowie die Faszination des Todes sei hier eine Auseinandersetzung Turgenevs mit einer Schopenhauerschen Vorstellung von der Realität: „Turgenev constantly questioned himself, offering different solutions in an attempt to redeem an existence governed by harrowing experiences and the knowledge of eventual death".[72]

4.1 Starke Frauen und überflüssige Helden – Mar'ja Pavlovna, Vera und Klara Milič
4.1.1 Schweigen und Starre

Zentrum der Erzählungen *Faust, Zatiš'e* und *Klara Milič* [dt. Titel: Faust, Windstille od. Stiller Winkel, Nach dem Tode] sind jeweils die als Turgenevsche Protagonisten bekannt gewordenen *überflüssigen Helden*. Den typischsten unter diesen Überflüssigen in den analysierten Erzählungen stellt wohl Pavel Aleksandrovič B. in der Briefärzählung *Faust* dar, der

---

[70] W. Koschmal: *Vom Realismus zum Symbolismus*. Zur Rolle des Todes insb. S. 105-129, in Verknüpfung mit Liebe vgl. S. 153-157. Zum Verhältnis von Liebe und Tod vgl. auch В.Н. Топоров: *Странный Тургенев*, S. 54-101.

[71] E. Kagan-Kans: *Fate and Fantasy: A Study of Turgenev's Fantastic Stories*, S. 549.

[72] Ebd. S. 545. Eine Untersuchung zum Einfluss Schopenhauers auf Turgenevs Werk liefert S. McLaughlin: *Schopenhauer in Rußland*.

sich nach eigenen Angaben als Taugenichts versteht, dem es bisher entgangen ist, den rechten Sinn im Leben zu finden: „Мне захотелось [...] полениться хорошенько в последний раз, а там уже приняться за работу не шутя. Насколько сбылось это последнее предположение, об этом теперь распространяться" (FAU, 123) [dt.: „ich wollte zum letzten Mal nach Herzenslust faulenzen, um mich danach ernsthaft an die Arbeit zu machen. Inwieweit mir die letztere Absicht zu verwirklichen gelungen ist, darüber will ich mich jetzt nicht verbreiten" (DEFAU, 406)].[73] Diese Sinnesleere teilt er mit seinesgleichen, den Protagonisten Astachov aus *Zatiš'e*, der so gelangweilt ist, dass er seinem Leben einzig den Sinn verschreibt, seine Einkünfte zu mehren. Im Falle von *Zatiš'e* ist der eigentliche Überflüssige jedoch Veret'ev, der, unfähig der Trunksucht abzuschwören, seine Geliebte einfach sitzen lässt, sich gänzlich dem Alkoholismus hingibt und angeblich hinter „Zigeunerinnen" hergezogen sei („[y]ехал куда-нибудь за цыганками", ZAT, 52). Obwohl er von diesen sehr typischen Entwürfen des überflüssigen Helden etwas abweicht, steht Aratov aus *Klara Milič* diesen um nichts nach, da er sein Glück erst im eigenen Tode zu finden vermag, anstatt sich zu Lebzeiten sein Interesse an Klara einzugestehen. Gemein ist diesen drei Protagonisten ihre Unfähigkeit, im richtigen Moment zu ihrem weiblichen Gegenüber zu stehen und sich ihre Liebesgefühle einzugestehen: Astachov traut sich erst gar nicht, sich Verliebtheiten hinzugeben (wenngleich er – wie dem Leser unmittelbar zu Beginn der Erzählung deutlich gemacht wird – auf der Suche nach einer Ehefrau ist und durchaus Interesse an Mar'ja Pavlovna zeigt), Pavel Aleksandrovič zieht aus dem beiderseitigen Liebesgeständnis zwischen ihm und Vera den Schluss, dass das einzige ehrenhafte Verhalten die Flucht seinerseits sei, und Aratov krönt diese Reihe, indem er Klara beim entscheidenden Treffen einen Korb versetzt, um sodann erst nach ihrem Tod in eine an Besessenheit und Wahn grenzende Liebe zu ihr zu entbrennen. An dieser Stelle wird deutlich, dass sich die weiblichen Protagonistinnen lediglich über die Perspektive des Helden erschließen lassen, für dessen Unfähigkeit sie erst den Hintergrund liefern, d.h. die Frauenfiguren haben in erster Linie die Funktion, das

---

[73] Für eine ausführliche Einordnung des überflüssigen Helden in Faust s.: A. Rothkoegel: *Russischer Faust und Hamlet*, S. 101-109.

Scheitern des Mannes durch ihre an Perfektion grenzende moralische Überlegenheit noch schlimmer erscheinen zu lassen. Dreh- und Angelpunkt aller Erzählungen sind jedoch die männlichen Helden. Wenngleich Astachov in *Zatiš'e* nicht der Erzähler ist, so dreht sich die Erzählung nur um seine Figur und zeigt ausschließlich seine Perspektive. Abgesehen vom vierten Kapitel, in welchem ein Treffen zwischen Mar'ja Pavlovna und Veret'ev geschildert wird, enthält die Erzählung keine Szenen, in denen Astachov abwesend ist. Dieses Kapitel fehlte jedoch in der ursprünglichen Version der Erzählung, wie diese im *Sovremennik* veröffentlicht wurde, und wurde erst später hinzugefügt, als Turgenev nach den ersten kritischen Reaktionen die Erzählung für die Veröffentlichung seiner Prosaedition 1856 überarbeitete.[74] Gleichwohl liefert diese Szene wenig Einblicke in Mar'jas Gefühlswelt und ihre inneren Vorgänge, abgesehen von der Tatsache, dass sie sich gegen die Trunksucht Veret'evs ausspricht. Ähnlich wie in Mar'jas Fall verweigert die Perspektive des Erzählers in *Faust* den direkten Zugang zu Veras Gefühlen, Gedanken und innerer Motivation. Es handelt sich um eine Ich-Erzählung in Briefform, in welcher Pavel Aleksandrovič in neun Briefen an seinen Freund Semjon Nikolajevič seine Begegnungen mit seiner Jugendliebe Vera wiedergibt. Die Erzählsituation des Briefes lässt keinen Platz für die Perspektive Veras. Verzerrt wird diese auch durch die Tatsache, dass Pavel den Beginn ihrer Beziehung ganze neun Jahre nach den Geschehnissen aufzeichnet. Veras Gedanken und Gefühle haben in diesem Konstrukt keinen Platz und werden somit nur einseitig und indirekt sichtbar. Dies geschieht unter Anderem in Form von intertextuellen Bezügen: zwar unterdrückt Vera eine Reaktion auf die Gretchenszene bei der Lesung des Faust, jedoch sind die Parallelen zwischen ihr und Gretchen offensichtlich: „[F]irst, he says he is leaving her (without consulting her wishes), next, he is carried away by his excitement (without thought of the consequences for her). This explains why she identifies herself with Gretchen – innocence betrayed – and him with Faust, the selfish seducer".[75] Laut Kluge ist der Erzähler gar ein typisch Faustscher Egoist, dessen egozentrische Vergnügungssucht Vera in den Tod treibt:

---

[74] F. F. Seeley: *Turgenev*, S. 141.
[75] Ebd., S. 152-153.

Vera approaches the ideal concept of feminine beauty, particularly when he relates her reaction to the beauty in a work of art. Then she displays that 'tikhaja, zhenskaja prelest'" [dt.: ruhiger, weiblicher Reiz].[80] Die Makellosigkeit Veras steht in markantem Gegensatz zu der Unzulänglichkeit des überflüssigen Helden Pavel. Dass sie mit seinem Versagen ihr gegenüber konfrontiert sein wird, ist ihr jedoch von Anfang an bewusst – bei ihrer ersten Begegnung schon äußert sie Zweifel an Pavels Zuverlässigkeit: „Мне сдается, что Б. хороший человек; но положиться на него нельзя" (FAU, 125) [dt.: „Mir scheint, B. ist ein guter Mensch, aber verlassen kann man sich auf ihn nicht." (DEFAU, 410)].

Im Hinblick auf die Perspektive, aus der die Frauenfiguren in den drei Erzählungen beschrieben werden, wird insbesondere deutlich, dass sie von einer Fremdbestimmtheit geprägt sind und ihre Darstellung lediglich ein verzerrtes und fragmentarisches Bild der Personen abgibt. Die wenigen Selbstzeugnisse der Heldinnen ergeben ein ebenso bruchstückhaftes Bildnis, zumal auch diese durch die Stimme der männlichen Erzähler wiedergegeben werden. Vor dem Hintergrund, dass alle drei Figuren als Stumme gezeigt werden, erscheint diese männliche Stimme umso dominanter. Mar'ja Pavlovna kommt in Form von direkter Rede sehr selten zu Wort und wenn, dann murmelt sie oder spricht halblaut („промолвила она", ZAT, 18). Tatsächlich wird sie mehrfach explizit als stumm bezeichnet: Als Ipatov sie tadelt, dass sie während der Gartenarbeit keinen Hut trägt, „[о]на молча провела рукой по лицу" (ZAT, 13) [dt.: „Sie fuhr stumm mit der Hand übers Gesicht." (DEZAT, 281)], am Gespräch vor dem Essen nimmt sie keinen Anteil (ZAT, 14-15), während des Mahls „Марья Павловна все молчала [...]. Владимир Сергеич пытался несколько раз заговорить с нею, однако без особенного успеха" (ZAT, 15) [dt.: „ Marja Pawlowna schwieg die ganze Zeit [...]. Wladimir Sergejitsch unternahm ein paar Versuche, mit ihr zu plaudern, doch ohne besonderen Erfolg." (DEZAT, 285)]. Veret'ev äußert gar, dass ihre Schweigsamkeit eine Qualität sei, die ihn dazu bringe sie zu lieben: „Я люблю вас за то, что вы не умничаете, что вы горды, молчаливы [...]" (ZAT, 37) [dt.: „Ich liebe Sie, weil sie nicht klugschwätzen,

---

[80] E. Heier: *Comparative Literary Studies: Lermontov, Turgenev, Goncharov, Tolstoj, Blok – Lavater, Lessing, Schiller, Grillparzer*, S. 98.

weil Sie stolz und schweigsam sind [...]." (DEZAT, 316)] . Häufig sprechen auch andere Figuren für Mar'ja, wenn diese auf physische Anwesenheit reduziert wird. So erscheint die Aussage Ipatovs „Туалет-с немножко в порядок привести" (ZAT, 12) [dt.: „die Toilette muss ein bisschen in Ordnung gebracht werden" (DEZAT, 280)], nachdem der Erzähler das erotische Bild des von der Gartenarbeit leicht aus der Ordnung gebrachten Frauenkörpers gezeichnet hat, leicht entrückt oder gar spöttisch, da diese eher von einer Frau zu erwarten wäre. Mar'ja verschwindet jedoch genauso stumm, wie sie erschienen war. Auch an späterer Stelle spricht Nadežda Alekseevna für sie: Im Gespräch über Poesie, bei dem Mar'ja anwesend ist, ist es Nadežda, welche Mar'jas Abneigung gegen Poesie ausführt:

„ – Вы очень поэтически описываете, - заметил Владимир Сергеич.

Надежда Алексеевна посмотрела на него.

- Вы думаете?.. В таком случае Маше мои описания не понравились бы.

- Почему? разве Марья Павловна не любит поэзии?

- Нет; она находит, что все это сочинено, все неправда; этого-то она и не любит" (ZAT, 22).

[dt.: „`Sie beschreiben sehr poetisch´, bemerkte Wladimir Sergejitsch.

Nadeshda Alexejwna sah ihn groß an.

`Glauben Sie? Das hieße, daß Mascha an meinen Beschreibungen keinen Gefallen fände.´ `Warum? Hat Marja Pawlowna etwas gegen Poesie?´

`Ja, sie findet, alles sei erdichtet, erlogen, und ebendas mag sie nicht.´" (DEZAT, 295)].

Im gleichen Zusammenhang, auf die Frage Astachovs, warum sie nicht einmal Puškin möge, füllt Ipatov ihr Schweigen mit der Aussage „что она не только стихов, но и сахару не любит и вообще ничего сладкого терпеть не может" (ZAT, 24) [dt.: „sie habe nicht nur etwas gegen Gedichte, sondern auch etwas gegen Zucker und könne überhaupt nichts Süßes ausstehen" (DEZAT, 297)]. Bei all diesen Fremdaussagen über Mar'ja ist diese zugegen und schweigt.

Auch Vera in *Faust* hüllt sich in Schweigen. In ihrem Fall hat die besondere Erzählsituation des Briefes noch zusätzlich eine verstärkende Wirkung auf die Tatsache, dass sie wenig zu Wort kommt, da es sich tatsächlich um einen von Pavel aufgeschriebenen Monolog handelt (der an seinen Freund gerichtet ist und Teil eines intimen Briefgepräches unter Männern ist). Während der gesamten Erzählung wird Veras Schweigen als ihre Gewohnheit („по своему обыкновению, не произнесла ни слова", FAU, 138) inszeniert und in einem Gespräch über ihre Talente am Ende der Erzählung sagt Vera über sich selbst: : „Я умею только одно – [...] молчать до последней" (FAU, 146) [dt.: „Ich habe nur die eine Fähigkeit [...] [-] zu schweigen bis zur letzten Minute" (DEFAU, 440)]. Nichtsdestotrotz lässt der Erzähler sie zuweilen das Schweigen brechen. Wenngleich sie nach der Faustlektüre auf die Frage, ob es ihr gefallen habe, schlichtweg verschwindet, so beginnt sie auf einem Spaziergang am Folgetag über ihre der Lesung geschuldete Schlaflosigkeit zu sprechen. Infolgedessen entsteht jedoch wiederum der Eindruck, als ließe Pavel im Gespräch keinen Raum für Veras Äußerungen und zwinge sie durch seine Reden zum Schweigen: „Я говорил, говорил долго, потом умолк – и так сидел молча да глядел на нее" (FAU, 134) [dt.: „Ich redete, redete lange, dann verstummte ich – und so saß ich schweigend und sah sie an" (DEFAU, 423)]. Glaubt man den Briefen Pavels, so scheint Vera nach besonderen Vorkommnissen zunächst zu schweigen, um dieses Schweigen im Nachhinein noch zu brechen. Dies geschieht auch in dem ersten erotischen Moment, den die beiden teilen. Während Pavels Handkuss schweigt Vera noch, im Verlauf des Spazierens danach kommt sie jedoch zu Wort und bittet ihn, das nicht mehr zu tun (FAU, 136). An anderer Stelle bleibt sie ihm und dem Leser jedoch jegliche Antwort schuldig: Auf seine Frage, ob sie sich niemals Freiheit gewünscht habe, antwortet sie nicht (FAU, 139). Letztlich bringt sie der Tod zum gänzlichen Verstummen, doch bereits kurz davor wird sie um ihre Erklärung gebracht, da ihr auf dem Weg zu dem Treffen, auf dem sie sich Pavel erklären möchte, das Bildnis der toten Mutter begegnet und ihr Schweigen fordert.

Die rigoroseste Aussparung einer Figur durch Schweigen liegt jedoch im Falle Klaras vor. Diese kommt lediglich in einer einzigen Szene in Form von direkter Rede zu Wort und wird in dieser von Aratov auf dem Tverskoj Boulevard abgewiesen. Andere sprachliche Zeugnisse erhält der Leser nur in Form des Briefes, in welchem sie Aratov zu besagtem Treffen bittet, sowie aus dem Tagebuchfragment, in dem allerdings weite Teile ausgestrichen und nicht lesbar sind. Sämtliche Darstellungen der Figur finden erst nach ihrem Tod statt, der sie endgültig zum Schweigen gebracht hat, sodass von einer lebenden Figur in dieser Erzählung nicht die Rede sein kann. Sämtliche Beschreibungen der Figur erfolgen in ihrer Abwesenheit - nach ihrem Tod. Eine Form der Kommunikation, in welcher ihr eine Stimme verliehen wird, – und die sie im Übrigen mit Mar'ja Pavlovna aus *Zatiš'e* teilt - ist der Gesang. Bei ihrem ersten Auftritt in der Erzählung, welcher auf der Soiree der Fürstin stattfindet, drückt Klara sich in Form des Gesanges aus. Während sie singt, blickt sie Aratov immer wieder und immer intensiver an. Ihre Stimme und die Art des Gesangs bilden den Ausdruck ihrer Gefühle gegenüber Aratov. Zunächst wirkt sie dadurch entspannt und ausgeglichen und wirft einen kurzen Blick auf ihn: „[г]олос у ней был звучный и мягкий – контральто,- [...] пела однообразно, без оттенков, но с сильным выражением. [...] [О]на бросила быстрый взгляд на Аратова" (KM, 311) [dt.: „Ihre Stimme war klangvoll und weich, Kontraalt, [...] sie sang gleichförmig, ohne Nuancen, doch mit starker Aussagekraft. [...] [S]ie aber warf einen raschen Blick auf Aratow" (DEKM, 395)]. Am Ende ihres Auftritts werden ihr Blick und ihr Flirten intensiver: „ее до тех пор довольно глухой голос зазвенел восторженно и смело – а глаза ее так же смело и прямо вперились в Аратова" (KM,312) [dt.: „klang ihre bis dahin recht dumpfe Stimme auf einmal kühn und schwungvoll, und ebenso kühn und unverhohlen heftete sie ihren Blick auf Aratow." (DEKM, 397)]. Diese Inszenierung des Gesangs als Mittel des Ausdrucks von Gefühlen findet sich ebenfalls bei Mar'ja Pavlovna, die zwar während der gesamten ersten Zusammenkunft zwischen Astachov und Ipatovs Familie geschwiegen hat, sich dann jedoch von Nadežda Alekseevna überreden lässt zu singen. Ihr Gesang ist gleichsam Ausdruck ihrer melancholischen Neigung und ihrer Wehmut über den nicht erschienenen Geliebten: „заунывно-страстный, родной напев расшевелил понемногу ее самое, щеки ее покраснели, взор заблистал, голос зазвучал горячо" (ZAT, 19) [dt.: „die schwermütig-leidenschaftliche, vertraute Weise gewann allmählich über sie selbst Gewalt – ihre Wangen röteten sich, die Augen blitzten, in der Stimme schwang Inbrunst" (DEZAT, 290)].

Die Schweigsamkeit der drei Figuren geht einher mit ihrer Inszenierung als starre, unbewegliche Wesen, denen wenig Leben innewohnt. Bereits zu ihren Lebzeiten sind die drei Figuren reduziert auf eine starre Hülle. Die Tötung durch Stasis und Starre findet sich in den Erzählungen als explizite Erwähnung, indem die Figuren als Statuen oder andere Kunstwerke bezeichnet werden oder auch gar nur noch in Form eines Gemäldes oder einer Fotografie existieren. Die Darstellung ihres Wesens und ihrer Gefühle erfolgt ebenfalls durch Gleichsetzung mit einem Kunstwerk, d.h. nicht inneres Seelenleben und emotionale Motivation zum Handeln der Figur werden dargestellt, sondern drei statische Ge*schöpfe*, welche in ihrem Wesen Artefakten gleichen. Sehr deutlich zeichnet sich das Bild einer Statue ab, sobald der Erzähler in *Zatiš'e* seinen Blick auf Mar'ja richtet: wenn er über sie sagt „[с]ложена она была великолепно. Классический поэт сравнил бы ее с Церерой или Юноной" (ZAT, 13) [dt.: „Sie war von herrlicher Statur. Ein klassischer Dichter hätte sie mit Ceres oder Juno verglichen." (DEZAT, 280-281)], kommt man schwerlich um die Vorstellung einer antiken Statue umhin. Dem Dichter schwebt hier Ceres gewiss auf Grund ihrer Assoziation mit der Gartenarbeit als Vorbild für Mar'ja Pavlovna vor, während Juno auf Mar'jas physische Stärke anspielen könnte. Dieses Bildnis der Statue wird an späterer Stelle in der Erzählung aufrecht erhalten: „Прислонившись головою к двери и скрестив руки, Марья Павловна задумчиво глядела вдаль... В это мгновенье ее стройные черты действительно напоминали облики древних изваяний" (ZAT, 18) [dt.: „Marja Pawlowna blickte, den Kopf an die Tür gelehnt, die Arme verschränkt, nachdenklich in die Ferne. In diesem Augenblick erinnerten ihre ebenmäßigen Züge in der Tat an den Ausdruck mancher antiken Statue." (DEZAT, 288)]. Selbst in solchen Szenen, in welchen der Figur zu handeln gestattet wird, wie durch das nächtliche Umherwandeln im Garten, das offenbar Ausdruck von Mar'jas Unruhe und Verdruss in Bezug auf ihre Beziehung zu Veret'ev ist, bleibt diese reduziert auf ein ästhetisches Bild, dessen Ähnlichkeit mit einer Statue unverkennbar bleibt:

„на небе было светло, круглый лик полной луны то отражался ясно в пруде, то вытягивался в длинный золотой сноп медленно переливавшихся блесток. На одное из дорожек сада Владимир Сергеич увидал какую-то фигуру в женском платье, он пригляделся; это была Марья Павловна; в лучах луны лицо ее казалось бледным. Она стояла неподвижно и вдруг заговорила... Владимир Сергеич вытянул осторожно голову...

Но человека человек

Послал к анчару властным взклядом" (ZAT, 26).

[dt.: „Am Himmel war es hell; der Vollmond spiegelte sich bald als runde Scheibe klar im Teich, bald streckte sich sein Bild zu einer langen Garbe sanft schillernden goldenen Flitters. Auf einem der Gartenwege erblickte Wladimir Sergejitsch eine Gestalt in Frauenkleidern; er sah genauer hin – es war Marja Pawlowna. Im Mondlicht schien ihr Gesicht blaß. Sie stand reglos und begann plötzlich zu sprechen... Wladimir Sergejitsch schob vorsichtig den Kopf zum Fenster hinaus. Verse drangen an sein Ohr:

'Und doch vermocht mit einem Blick

Der Mensch den Menschen hinzusenden....'" (DEZAT, 300)]

Hier wird wiederum deutlich, dass anstelle der Stimme der Figur ein Kunstwerk tritt. Ebenso wie oben beschriebener Gesang ertönt hier die Rezitation Puškins, und somit wird nicht die Innenansicht der Figur gezeigt, sondern Verse, welche als Symbol für die Gefühlswelt der Figur zu verstehen sind. Von einer authentischen Figur ist in diesem Konstrukt wenig zu spüren. Diese Reduktion auf eine Dichtkunst produzierende Skulptur bleibt während der gesamten Erzählung erhalten und erfährt zum Ende noch eine Steigerung, indem die Statue nun zu einem Monument heranwächst („Ведь это не женщина, это просто монумент, право", ZAT, 52) und sich damit ihre Reglosigkeit zu einer Versteinerung gewandelt hat, deren Superlativ nur noch der Tod selbst sein kann. Die Darstellung von Mar'jas Gefühlswelt und Charakter in Analogie zum Kunstwerk zieht sich durch die gesamte Erzählung. An keiner Stelle kommt die Figur wirklich zu Wort und selbst jene Skizzierungen einer unglücklichen Frau, die Aufschluss über ihre Persönlichkeit geben könnten, sind Illustrationen eines Kunstwerks. Die Melancholie, welche der Figur zugeschrieben wird, wird keinesfalls von Mar'ja selbst zum Ausdruck gebracht, sondern wird viel eher erst im Kontrast zu Nadežda Alekseevna erkennbar. Die beiden Frauenfiguren sind derart komplementär angelegt, dass Mar'ja mit der Tragödie und Nadežda mit der Komödie assoziiert werden. Die Stille Mar'jas trifft in dieser Gegenüberstellung auf eine lustige, laute und geschwätzige Nadežda, die alles leicht nimmt, viel lacht und der stets ein Scherz auf den Lippen liegt. Dass Mar'ja in dieser Konstellation an die Tragödie gebunden ist, wird bereits beim ersten Zusammentreffen der beiden Figuren ersichtlich, bei dem Nadežda darüber spekuliert, wer in ihrem Liebhabertheater mitspielen könnte: „мы все будем играть – драмы, балеты и даже трагедии. Чем Маша не

Клеопатра или не Федра?" (ZAT, 18) [dt.: „wir werden alles spielen: Schauspiel, Ballett, sogar Tragödie. Warum sollte Mascha nicht eine Kleopatra oder eine Phädra sein?" (DEZAT, 288)]. Für den am antiken Drama interessierten Rezipienten Turgenevs wird hier unverkennbar verdeutlicht, welche der beiden Frauen der Trägödie und welche der Komödie zugeschrieben wird, da weder Kleopatra noch Phädra als Protagonistinnen für Komödien dienten. Augenscheinlich wird der Kontrast der beiden Figuren auch während des Abendballs, auf dem Mar'ja „казалась бледной и даже печальной" [dt.: „sie schien blaß, ja bedrückt"], während Nadežda als „вся светлая и радостная" [dt.: „im Tanze schweben[d], freudestrahlend"] (beides ZAT, 42; DEZAT, 323) beschrieben wird. Ebenfalls auf dieser Feier wird Nadežda von einem Mädchen vor die Wahl gestellt, mit welchem Anwärter sie den nächsten Tanz teilen möchte. Die Frage, die Nadežda hier gestellt wird, lautet „Жизнь или смерть?" und ihre Antwort ist sehr deutlich: „Жизнь! [...] Я не хочу еще смерти." (ZAT, 44-45) [dt.: „`Leben oder Tod?´ [...] `Leben! [...] Ich mag den Tod noch nicht.´" (DEZAT, 327)]. Diese Lebensbejahung steht in auffälligem Kontrast zum selbstgewählten Tod Mar'jas am Ende der Erzählung und ist somit Teil dieser Gegenüberstellung von Komödie und Tragödie.

Wenngleich Vera in *Faust* nicht explizit als Statue bezeichnet wird, so steht sie Mar'ja Pavlovna mit ihrer unbeweglichen Statuenhaftigkeit jedoch in nichts nach. Auch die Figur Vera wird gezeichnet als ein starres, unbewegliches Wesen: Ihr Gesicht drückt Kühle und Unbeweglichkeit aus („однообразно", FAU, 124). Von Stasis geprägt sind Veras Äußeres und offenbar auch ihre Art zu leben. Als Pavel sie nach neun Jahren wiedertrifft, findet dieser keinerlei Veränderung an ihr und sieht ein siebzehnjähriges Mädchen vor sich, das so unverändert erscheint, „точно она все эти годы пролежала где-нибудь в снегу" (FAU, 127) [dt.: „so als hätte sie all die Jahre in Schnee gebettet verbracht" (DEFAU, 412)]. Obwohl Veras Mutter bereits gestorben ist, ist Veras Lieblingsplatz immer noch unter dem Portrait der Mutter. Beide Figuren sind festgeschrieben in der Konstellation, in welcher die Mutter als Herrscherin über der Tochter thront und werden in dieser Position konserviert: Vera als unveränderbare Erstarrte und ihre Mutter als Portrait. Wird die Erzählung aus Veras Sicht betrachtet, so erscheint dieser unveränderte Zustand, nachdem diese in den vergangenen neun

Jahren verheiratet wurde, den Tod der Mutter erlebt, drei Kinder geboren, zwei davon wieder verloren hat und nach all diesen Ereignissen der gleiche Mensch geblieben ist, doch etwas abwegig. Die starke Position des Ich-Erzählers tritt hier noch einmal deutlich zum Vorschein, denn es ist wenig glaubwürdig, dass nach all diesen Ereignissen in Veras Leben sich erst der Retter und Erlöser Pavel Aleksandrovič einfinden muss, um sie mit Hilfe der Poesie aus ihrem Dornröschenschlaf zu befreien. Diese märchenhafte Erweckung wird in Vera laut Pavel durch seine Faustlektüre hervorgerufen. Häufig wird sie interpretiert als Emanzipation aus der Unterdrückung von Leidenschaft und Emotion. Bei diesem Emanzipationsprozess werde Vera die Sterilität ihres Familienlebens bewusst und ihre leidenschaftliche Natur, die sich nach entflammender Liebe sehne, breche durch die Faustlektüre hervor.[81] Tatsächlich bleibt Vera jedoch auch nach der Lektüre eine Stumme. Einziges Zeugnis ihrer Veränderung nach der Lektüre sind die Worte Pavels: „Я действительно заметил перемену в ее лице" (FAU, 132) [dt.: „Ich bemerkte in der Tat in ihren Zügen eine Veränderung" (DEFAU, 420)]. Vera selbst dagegen schweigt über die Auswirkungen der Faustlektüre auf ihre Gefühle. Aufschlüsse über die von Pavel beobachtete Veränderung in Vera erhält der Leser somit nicht. Vielmehr bleibt sie zunächst die stumme und starre Hülle, welche sie vorher auch schon war. Erst am Tag nach der Lesung gibt sie den Einblick, dass ihr die Lektüre eine schlaflose Nacht beschert habe und dass in dem Werk Dinge existieren, „от которых я некак отделаться не могу" (FAU, 134) [dt.: „die ich einfach nicht loslassen kann" (DEFAU, 422)]. Was tatsächlich jedoch in Vera vor sich geht, erfährt der Leser nicht: „Turgenev does not reveal the specific impact which the work had upon Vera. We learn of her changing disposition and psychological conflict only to the extent that these manifest themselves in Vera's reaction".[82] Betrachtet man diese Reaktionen näher, so wird schnell deutlich, dass die Veränderung, welche der Erzähler beschreibt, nicht aus Veras Innerem zu kommen scheint, da der Wandel in der Figur nicht aktiv herbei geführt wird und nicht aus sich selbst heraus kommt, denn sie bleibt im

---

[81] So bei R.-D. Kluge: *Ivan S. Turgenev*, S. 126.
[82] E. Heier: *Comparative Literary Studies: Lermontov, Turgenev, Goncharov, Tolstoj, Blok – Lavater, Lessing, Schiller, Grillparzer*, S. 96-97.

Prozess dieses Wandels stumm und völlig passiv. Realistischer ist eine Interpretation, welche die Veränderung Veras ins Innere des Erzählers verlegt, für welchen Vera durch ihr wachsendes Interesse an der Literatur an Attraktivität gewinnt. Es ist somit nicht die innere Veränderung Veras, die der Figur Leben einhaucht, sondern vielmehr ihr neu entdeckter Lerneifer, der Pavel in die Rolle des Erziehers und desjenigen, der die verborgenen Talente in Vera erweckt, versetzt. Vor diesem Hintergrund erscheinen die plötzlichen Schwärmereien, die Pavel im Brief am Tag nach der Lesung niederschreibt, nicht verwunderlich: „если б ты мог видеть, как она была мила в это мгновение: бледная почти до прозрачности, слегка наклоненная, усталая, внутренна расстроенная – и все-таки ясная, как небо!" (FAU, 134) [dt.: „Hättest Du sehen können, wie reizend sie in diesem Augenblick war: blaß, beinahe durchsichtig, leicht nach vorn geneigt, müde, im Innern aufgewühlt und dennoch eine Erscheinung, licht wie der Himmel!" (DEFAU, 423)]. Die Wandlung, welche tatsächlich von statten geht, liegt somit im Erzähler und seiner Hingezogenheit zu Vera. Ausgelöst wird diese durch eine an einen Wettkampf erinnernde Bestrebung, Vera gegen den Willen ihrer verstorbenen Mutter zu einer Liebhaberin der Belletristik zu erziehen. Dieses Anliegen Pavels ist der wesentliche Faktor, der ihn antreibt, die Beziehung zu Vera auszubauen. Seeley stellt zu Recht fest, dass es sich hierbei um einen Pygmalion-Komplex handelt: „Admitteldly, to play Pygmalion – to awaken the sleeping heart or mind – is a tremendous temptation. It is an act of creation, to be ranged – like other creative acts – among the greatest joys man can aspire to".[83] Dieses Vergnügen ist bei der Entwicklung der Beziehung zwischen Vera und Pavel wesentlich wichtiger als Veras Empfindungen oder ihr vermeintlicher Wandel. Was ihm dieses Vergnügen bereitet, ist nicht nur der Schaffensakt, den Seeley beschreibt, sondern auch die Tatsache, dass Pavel als Gewinner aus einem Wettkampf mit Veras Mutter hervorgeht. Er empfindet seine Lektürestunden als eine Art sportlichen Erfolg im Prozess, Vera zum Lesen zu bewegen. Dies wird klar deutlich, wenn Pavel seine Faustlektüre im Brief an den Freund als unerwarteten Erfolg („успех неожиданный", FAU, 130) bezeichnet. Wer in diesem Wettkampf seine Kontrahentin ist, zeigt sich später, als er vor dem

---

[83] F. F. Seeley: *Turgenev*, S. 150.

Portrait der Mutter steht und darüber berichtet: „Что, взяла, - подумал я с тайным чувством насмешливого торжества, - ведь вот же прочел твоей дочери запрещенную книгу!" (FAU, 133) [dt.: „Siehst du, dachte ich mit ein wenig triumphierendem Spott, nun hab ich´s doch geschafft, deiner Tochter ein verbotenes Buch vorzulesen!" (DEFAU, 422)]. Schließlich geht er als Gewinner des Kampfes um die Erziehung der Tochter hervor: „Старуха Ельцова пригвождена к стене и должна молчать" (FAU, 134-135) [dt.: „Die alte Jelzowa ist an die Wand geheftet und muß schweigen." (DEFAU, 423)]. Was sich hier abzeichnet, ist die vollständige Verdinglichung Veras. Denn für Pavel ist diese eher ein Projekt denn ein Individuum mit einem eigenen Willen. Wenn er über ihre Talente schreibt „ни она сама, ни другой кто на свете не знает еще всего, что таится в ней" (FAU, 140) [dt.: „Noch weiß niemand – weder sie selbst noch irgend jemand sonst auf der Welt -, was sich alles in ihr verbirgt." (DEFAU, 432)], äußern sich seine Bevormundung und die Reduktion Veras auf ein unmündiges Kind. Auch wenn er über sie schreibt „такая женщина в наше время редкость" (FAU, 139) [dt.: „so eine Frau ist in unseren Tagen eine Seltenheit" (DEFAU, 430)], entsteht der Eindruck, sie sei ein Sammelobjekt, für das er besonderen Stolz hegt. Wenn Vera tatsächlich so gesegnet ist mit verborgenen Talenten, wie Pavel dies darstellt, so bleibt die Frage ungelöst, warum sie ausgerechnet einem Mann ihr Herz schenken sollte, der mit 23 Jahren nicht stark und entschlossen genug war, um zu bleiben und auf einer Hochzeit zu bestehen, und zudem auch nicht die Reife besitzt die Frau, die er angeblich liebt, in Frieden leben zu lassen, ohne sich in ihr Leben einzumischen.[84] Vermutlich gibt eine lange literarische Tradition mehr Aufschluss als die Frage nach der psychologischen Motivation einer Figur: „Vera's falling in love is perhaps less startling than some other cases, since it is an immemorial tradition of myth and fairy-tale that the Sleeping Beauty must fall in love with the Prince whose kiss has awakened her".[85]

In Bezug auf die Darstellung von Veras Gefühlen wird ebenfalls deutlich, dass diese – wie auch im Falle Mar'ja Pavlovnas – durch die Gleichsetzung mit dem literarischen Werk ausgedrückt werden. Obschon Vera nicht

---

[84] S. F. F. Seeley: *Turgenev*, S. 150.
[85] Ebd., S. 151.

Puškin rezitiert, so schwebt doch stets das Vorbild Gretchens vor Augen, sobald die Frage nach Veras Eigenschaften und Emotionen auftritt. Für den goethekundigen Leser liegen die Parallelen zwischen Vera und Gretchen auf der Hand:

> „Vera could easily identify with Gretchens extremeties in character. She is virtuous and religious, yet endowed with a sensuality which eventually becomes aroused when Faust makes his advances. Or was it a premonition that her fate will be similar to that of Gretchen, who was doomed to ruin at the moment she gave vent to her feelings?"[86]

Eine tatsächliche Reaktion Veras auf die Gretchenszene bleibt in der Erzählung ausgespart, jedoch wird dem Leser nahegelegt, dass die hier von Heier geschilderten Parallelen existieren. Rothkoegel weist dagegen darauf hin, dass, wenngleich sich Vera in ihren Fieberträumen mit Gretchen assoziiert, Ähnlichkeiten mit der Goetheschen Frauenfigur in Turgenevs Erzählung insofern schwer zu bestimmen sind, als hier keinerlei Aussagen über Gretchen getroffen werden.[87] Nichtsdestotrotz wird Veras Stimme durch das Kunstwerk „Faust" ersetzt und erst durch den intertextuellen Bezug eine Verknüpfung zu Veras Gefühlswelt hergestellt. In der Erzählung bleibt diese ausgespart und Vera kommt nicht zu Wort. In diesem Sinne entspricht die Figur Vera dem Typus der Mar'ja Pavlovna, da auch sie in Analogie zu einem Kunstwerk entsteht und ihr Statuencharakter insbesondere dann sehr deutlich wird, wenn sie durch Pavels Augen beschrieben wird, wie etwa kurz nach der Lektüre, wenn er schreibt: „Она взглянула на него молча. Слабо и далеко сверкнувшая молния таинственно отразилась на ее недвижном лице" (FAU, 133) [dt.: „Sie sah ihn stumm an. Der Widerschein eines schwach und fern aufflammenden Blitzes huschte geheimnisvoll über ihr starres Gesicht." (DEFAU, 421)].

Das Bild einer Statue zeichnet sich auch im Falle Klaras in *Klara Milič* ab. Bereits bei ihrem ersten Auftritt (welcher sowohl als das erste Erscheinen der Figur in der Erzählung zu verstehen ist, wie auch als ihr erster Bühnenauftritt im Rahmen der Erzählung) werden der Figur die Attribute der Reglosigkeit und Starre zugeordnet, denn sie „остановилась и осталась

---

[86] E. Heier: *Comparative Literary Studies: Lermontov, Turgenev, Goncharov, Tolstoj, Blok – Lavater, Lessing, Schiller, Grillparzer*, S. 97.
[87] A. Rothkoegel: *Russischer Faust und Hamlet*, S. 108.

неподвижной, сложив перед собою большие красивые руки без перчаток, не приседая, не наклоняя головы и не улыбаясь" (KM, 310) [dt.: „blieb stehen und verharrte reglos, die großen, schönen Hände ohne Handschuhe vor sich gefaltet – sie machte keinen Knicks, neigte nicht den Kopf und lächelte nicht" (DEKM, 394)]. Während Klaras gesamter Vorführung bei der Fürstin wird diese von Aratov als starr und unbeweglich wahrgenommen: Ihn überrascht die Starrheit ihres Gesichts („неподвижность этого лица", KM, 312), und er zweifelt daran, dass dieses unbewegliche Gesicht eine Seele haben kann („Душа! С этаким неподвижным лицом!", KM, 312). Auch nach der Begegnung mit Klara bleibt ihm die Starre in ihrem Gesicht in Erinnerung. Nach der Soiree stellt sich Aratov die Frage nach der Deutung ihrer Blicke und bereits nach ihrem Tod ruft er sich ihr Bildnis ins Gedächtnis: „а какое выразительное лицо! Неподвижное... а выразительное!" (KM, 324) [dt.: „[...] was für ein ausdrucksvolles Gesicht sie hatte! Unbeweglich, aber ausdrucksvoll!" (DEKM, 413)]. Ein direkter Vergleich mit einer Statue, wie dieser mit der Figur Mar'ja Pavlovnas unternommen wird, findet sich im Bezug auf Klara lediglich in der Traumszene Aratovs, in welcher er davon träumt, wie sich eine statuenhafte, ihm unbekannte Frau in Klara verwandelt. In diesem Traum sieht Aratov eine

> „женщин[у] в белом платье с светлым поясом вокруг стана. [...] Лицо ее было белое, белое как снег; руки висели неродвидно. Она походила на статую. [...] [Она] быстро удалилась, весело качая головою, на которой заалел венок из маленьких роз. [...] Вдруг все кругом потемнело... и женщина возвратилась к нему. Но это уже не та незнакомая статуя... это Клара.." (KM, 326).
>
> [dt.: „Frau mit weißem Kleid und einem hellen Gürtel um den Leib. [...] Ihr Antlitz war weiß, weiß wie der Schnee, schlaff hingen die Arme hinab. Sie glich einer Statue. [...] [Sie] entfernte sich rasch, den Kopf, auf dem ein Kranz aus kleinen Rosen blutrot leuchtete, ausgelassen schüttelnd. [...] Mit einemmal wurde es finster ringsum, und die Frau kam zu ihm zurück. Aber das war nicht jene fremde Statue, es war Klara" (DEKM, 415-416)].

Wenngleich hier der Statuenvergleich als Mittel zur Darstellung dient, so wird die Figur vor ihrem Tod eher in Form einer Marionette illustriert. Zu Lebzeiten hat sie zwei Auftritte in der Erzählung: Bei Ersterem erscheint sie als Akteurin auf der Bühne und auch sie trägt die Verse Puškins vor. Wie im Falle Mar'ja Pavlovnas ersetzt die Poesie die Darstellung von Klaras Innenansicht. Zusätzlich nimmt hier Tatjanas Brief an Onegin die Ereignisse in Bezug auf Klara und Aratov voraus. Während sie das Gedicht rezitiert, überlappen sich der Inhalt des Verses mit ihrem Ausdruck und ihrem Gefühlszustand. Der erste Vers *я к вам пишу* [dt.: „Ich bin so kühn, an Sie zu schreiben" (DEKM, 397)] wirkt sich offenbar auf ihren Gemütszustand aus, denn kurz darauf verändert sich ihre Stimme und ihr Blick richtet sich freimütig auf Aratov (KM, 312). Auch hier ersetzt der Verweis auf die Poesie eine direkte Darstellung von Klaras Gefühlswelt, wie dies auch bei den beiden anderen Frauenfiguren der Fall war. Klara tritt auch bei ihrem zweiten Auftritt nicht aus ihrer Rolle hervor und bleibt in ihrer Marionettenhaftigkeit gefangen. Denn auch wenn sie als Privatperson in Aktion tritt, hat dies etwas Theatralisches, da sie für Aratov in der Rolle der Akteurin verhaftet bleibt und für ihn an keiner Stelle ersichtlich ist, ob sie schauspielert oder nicht. Auch bei ihrem Treffen ist Klara ein Kunstwerk, das auf einer Bühne zu stehen scheint. Noch bevor sie sich äußert, wird eine Nahaufnahme ihres Gesichts beschrieben, wie sie theatralischer nicht abgebildet werden kann: „он увидал такое испуганное, такое глубоко опечаленное лицо, с такими светлыми большими слезами на глазах, с таким горестным выражением вокруг раскрыиых губ – и так было это лицо прекрасно, что он невольно запнулся" (KM, 318) [dt.: „da blickte er in ein so erschrockenes, ein so tief betrübtes Gesicht mit so großen, hellen Tränen in den Augen, mit einem so bitteren Zug um den geöffneten Mund, und so schön war dieses Gesicht, daß er unwillkürlich stockte" (DEKM, 404]. Somit verschwindet Klara in allen Situationen während ihrer Lebenszeit hinter der Rolle der Schauspielerin und bleibt eine puppengleiche Gestalt ohne lebendige Züge. Von dieser Puppenhaftigkeit ist später auch explizit die Rede, als Aratov die Fotografie Klaras betrachtet, ihre Gestalt etwas Puppenhaftes erhält („вся фигура принимала вид какой-то куклы", KM, 336) und sie ihm später dann als graue Puppe („серая кукла", KM, 338) erscheint. Nach ihrem Tod ist diese Fotografie einziges Bildnis von Klara, welches ebenso von einer Starre gekennzeichnet ist wie die statuenhaften Erscheinungen der anderen beiden Frauenfiguren. Im Falle Klaras ist jedoch eine Doppelverzerrung zu bemerken, da sie sowohl zu Lebzeiten auf das Kunstwerk der Tragödie auf der Bühne reduziert ist und nach ihrem Tod als lebloses Bildnis weiter existiert. Von einer realen Person wird hier jegliche

Facette gelöst und was dem Leser von der Figur bleibt, ist tatsächlich nicht viel mehr als ein erstarrtes Bildnis. Dass es sich bei Klara um nicht mehr als eine Abbildung handelt, liegt auch in den Obsessionen Aratovs begründet. Seine an Besessenheit grenzende Liebe ist schon vor seiner Hingezogenheit zu Klara an Bilder geknüpft. Von seiner zukünftigen Braut hat er eine feste Vorstellung, die ihm als Bildnis bereits klar vor Augen schwebt:

„чистый образ, возникавший тогда в его воображении, был навеян другим образом – образом его покойной матери, которую он едва помнил, но портрет которой он сохранял как святыню. [...] Такой же нежный профиль, такие же добрые, светлые глаза, такие же шелковистые волосы, такую же улыбку, такое же ясное выражение должна была иметь та женщина, та девушка, которой он даже еще не осмеливался ожидать..." (KM, 313).

[dt.: „das lautere Bild, das dann in seiner Phantasie entstand, wurde von einem anderen Bild überdeckt, dem seiner verstorbenen Mutter, an die er sich kaum erinnern konnte, deren Porträt er aber wie ein Heiligtum bewahrte. [...] Dieses zarte Profil, diese gütigen, hellen Augen, dieses seidige Haar, dieses Lächeln, diesen klaren Gesichtsausdruck mußte jene Frau, jenes Mädchen haben, auf die er noch nicht einmal zu warten wagte..." (DEKM, 398)].

Diese Fetischisierung der Bildnisse Aratovs erklärt ebenso seinen gierigen Drang danach, Recherchen über Klara zu unternehmen, um der Verpflichtung nachzukommen, ihr Bild wiederherzustellen. Nemere stellt zu Recht fest, dass Aratov dies gegenüber Klaras Schwester äußert („вы сами сказали, что я обязан восстановить ее образ", KM, 334), obwohl diese dergleichen an keiner Stelle behauptet. Bei Nemere erlaubt die Bildersucht Aratovs Rückschlüsse auf seinen Charakter, den sie als Apollinker beschreibt, dem sich die Welt visuell-optisch über das Medium der Bilder erschließt und der die Frauen, die für ihn ein erotischer Fetisch sind, in Bildern einfängt.[88] Dieser Bilderfetischismus äußert sich sowohl in Bezug auf Klara, wie auch in Bezug auf das Aquarellbild der Mutter, welches seine Liebesfantasien konstituiert. Die Parallelen seiner Besessenheit mit dem Aquarellbild und der Fotografie Klaras sind offen ersichtlich: Beide Frauen sind für Aratov wenig mehr als ein Bildnis, da er sie beide nur als Tote kannte. Seine Mutter starb so früh, dass er sich an ihre reale Person kaum erinnern kann und Klaras realer Erscheinung ist er lediglich bei zwei kurzen

---

[88] M. Nemere: *Verführerische Lektüren in der Prosa des russischen Realismus*, S. 128.

Treffen begegnet. Aratov ist somit gar nicht in der Lage, sich in eine lebende Frau zu verlieben, da sich seine Liebe auf tote Bildnisse beschränkt. Klara musste somit zunächst ums Leben gebracht werden, damit er seine Begierde nach ihr erst entwickeln kann. In der gleichen Art, wie Aratov früher vom Bildnis der Mutter besessen war, das er ikonenhaft an die Wand hängt, verfolgt er nun die Rekonstruktion des Bildnisses Klaras. Sobald er sich sein Bild konstruiert hat und sich gänzlich ihrer Fotografie hingibt, nimmt er das Bildnis der Mutter von der Wand und legt es in die Schublade. Bis zum Ende bleibt Klara dieses tote Abbild, das Aratov auf der Fotografie verherrlicht. Selbst in seinen ansonsten sehr lebhaften Visionen am Ende der Erzählung erscheint sie ihm in der gleichen Pose, wie auf dem Foto: „На его кресле, в двух шагах от него, сидит женщина, вся в черном. Голова отклонена в сторону, как в стереоскопе" (KM, 344) [dt.: „In seinem Sessel, zwei Schritt von ihm entfernt, saß eine Frau ganz in Schwarz. Der Kopf war zur Seite gedreht, wie auf dem Stereoskopbild." (DEKM, 440)]. Es wird deutlich, dass Klara im Vergleich zu den beiden anderen Figuren einen doppelten Tod stirbt, indem die Reduktion einer Person sterben muss, um sodann als Tote weiter zu einer Abbildung reduziert zu werden, sodass schwerlich Spuren einer authentischen Frau rekonstruiert werden können.

Durch diese Art der Reduktion und die Gleichsetzung der drei Charaktere mit einem Kunstwerk werden die drei Frauenfiguren bereits durch ihre Nichtanwesenheit und Sprachlosigkeit noch zu ihren Lebzeiten in einem Bereich zwischen Leben und Tod angesiedelt. Sie sind (noch) nicht tot, aber auch nie tatsächlich lebendig und bleiben damit Halbtote, denen jegliche Vitalität abgängig ist. Schon durch diesen Zustand des Scheintodes werden die Figuren mit dem Sterben assoziiert, bevor sich ihr Tod in der Erzählung manifestiert. Diesem sind sie von Beginn an geweiht, was durch zahlreiche Symbole und Vorboten angekündigt wird. Sei es die Blässe, die Mar'ja Pavlovna und auch Klara zeichnet („побледнела", KM, 317), Klaras tragischer Gesichtsausdruck oder das Bildnis Manon Lescauts zu Beginn von *Faust,* die nicht nur den Leichtsinn mit Vera teilt, sondern auch den tragischen Ausgang der Geschichte, in der sie Protagonistin ist: Für sie alle steht von Beginn an fest, welcher Abschluss für sie vorgesehen ist.

4.1.2 Sterben

Dass es sich bei dem Tod der drei Figuren um eine Opferung handelt, ist zuvorderst an der Stilisierung auf Moral und Tugend zu erkennen. Die deutlichste Zuordnung zur uneingeschränkten Tugendhaftigkeit findet sich unter den drei betrachteten Frauenfiguren in Mar'ja Pavlovna. Sie liefert keinerlei Angriffsflächen und ist moralisch, anständig und rein. Sie wird als russische Schönheit oder Steppenschönheit („Давно не видывал он такой прямо русской, степной красоты", ZAT, 12) mit dem Blick einer Hirschkuh („напоминавшее взор лани", ZAT, 13) beschrieben. Die angenehme äußerliche Erscheinung erlaubt bereits Rückschlüsse auf ihr unbeflecktes Inneres, da Turgenev das Aussehen seiner Figuren stets im Einklang mit ihren charakterlichen Eigenschaften gestaltet.[89] Hier verweist die Zuordnung zum Bekannten, Eigenen, Russischen - neben ihrer Schönheit - darauf, dass es sich bei Mar'ja Pavlovna um eine gutartige, ungefährliche und unschädliche Figur handelt. Dies erschließt sich erst aus einem breiteren Spektrum der Turgenevschen Figurenwelt, aus welchem deutlich wird, dass das Fremde (чужое) stets als bedrohlich markiert ist und mit dem Tod korreliert. Koschmal stellt fest, dass im Spätwerk Turgenevs insbesondere das Deutsche oder Französische, aber auch andere äquivalente Nationalitäten die Funktion des Dämonischen übernehmen. Dabei wird alles Fremdländische, sei es die äußerliche Erscheinung einer Figur, ihr Name oder gar ihre Kenntnis von Fremdsprachen, als tödlich und dämonisch metaphorisiert.[90] Die Figur der Mar'ja entspringt durchweg der Sphäre des Guten und wird einer heiligen jenseitigen Welt zugeordnet, sie wird jedoch heimgesucht von der bösen Macht der Liebe. Es ist die Liebe zu Veret'ev, die sie in den Suizid treibt und welche die dämonische Kraft besitzt, der sich Mar'ja nicht entziehen kann. Wenngleich sich dieser Zusammenhang deutlich erschließt, wenn man die Erzählung als Teil des Spätwerks Turgenevs betrachtet, so wird der Leser im Rahmen der Erzählung darüber jedoch nur am Rande in

---

[89] S. E. Heier: *Elements of Physiognomy and Pathognomy in the Works of I.S.Turgenev*, für eine sehr ausführliche Analyse der Namensgebung von Figuren als Teil ihrer Charakterisierung s. C. Dolny: *Literarische Funktionen der Personeneigennamen in den Novellen und Erzählungen von I. S. Turgenev*.

[90] W. Koschmal: *Vom Realismus zum Symbolismus*, S. 108-111.

Kenntnis gesetzt. Wieder ist es der Verweis auf die Poesie, welcher erst Aufschlüsse über die Position des Bösen gibt. Erst Naděždas Vergleich von Puškins *Ančar* mit einem Stechapfel gibt Aufschlüsse über die Verbindung zwischen der Liebe und dem Dämonischen:

„ – Не помню что-то... Этот анчар – ядовитое дерево?
- Да.
- Как датуры... Помнишь, Маша, как хороши были датуры у нас на балконе, при луне, с своими длинными булыми цветами. Помнишь, какой из них лился запах, сладкий, вкрадчивый и коварный.
- коварный запах! – воскликнул Владимир Сергеич.
- Да, коварный. Чему вы удивляетесь? Он, говорят, опасен, а привлекает. Ончего злое может привлекать? Злое не должно бы быть красивым!" (ZAT, 31).
[dt.: „`Ich... kann mich nicht erinnern. Der Antiar, das ist ein giftiger Baum?´
`Ja.´
`Wie der Stechapfel... Weißt du noch, Mascha, wie schön die Stechapfelbüsche bei uns auf dem Balkon waren, im Mondschein, mit ihren weißen Trichterblüten. Weißt du noch, was für einen Duft sie ausströmten, so süß, so schmeichelnd, so tückisch.´
`Einen tückischen Duft!´ rief Wladimir Sergejitsch aus.
`Jawohl, tückisch. Worüber wundern Sie sich? Es heißt, er sei gefährlich, aber er zieht an. Warum kann das Böse anziehen? Das Böse darf nicht schön sein!'" (DEZAT, 308)]

Die Zuweisung Mar'jas zur Sphäre der Tugend und des Heiligen wird neben ihrer Schönheit als Zeichen innerlicher Reinheit durch den Kontrast zu ihrer Freundin, aber auch Antagonistin Naděžda erlangt. Diese hat durchaus böse Züge: Sie hat verschlagene Augen („веселые, несколько лукавые глазки") und „[н]асмешливость так и светилась в них, так и зажигалась в них искрами" (ZAT, 17) [dt.: „die Spottlust blinkte nur so in ihnen" (DEZAT, 287)] . Diese Verschlagenheit wandelt sich am Ende der Erzählung in eine Kaltblütigkeit, denn als die vorgebliche Freundin Mar'jas von deren Tod erfährt, tritt ihre abgeklärte und herzlose Seite ans Licht: „Ипатова огорчило ее чрезвычайно, но не помешало ей в тот же день поехать в «Собачью пещеру» - посмотреть, как задыхаются бедные животные, погруженные в серные пары" (ZAT, 58) [dt.: „Ipatows Brief betrübte sie außerordentlich, doch er hinderte sie nicht daran, noch am gleichen Tage in die `Hundehöhle´ zu fahren und zuzuschauen, wie die armen Tiere in Schwefeldämpfe gebracht werden und darin verenden." (DEZAT, 347)].

Ebenso wie Mar'ja Pavlovna ist auch Vera eine auf Tugendhaftigkeit und Heiligkeit stilisierte Figur. Ihre bereits beschriebene Ehrlichkeit ist Teil dieser Typisierung, ebenso wie ihre kindliche Erscheinung. Es ist die Reinheit eines Kindes und ihr Gehorsam gegenüber der Mutter (und auch gegenüber Pavel), die sie als durchweg unschuldig und harmlos erscheinen lassen. Diese perfekte, makellose Unschuld wird bis zum Ende der Erzählung aufrecht erhalten, deren letzter Satz lautet: „ [...] сохраняй в душе твоей образ Веры во всей его чистой непорочности" (FAU, 149) [dt.: „[...] bewahre in Deiner Seele Weras Bild in seiner ganzen makellosen Reinheit." (DEFAU, 445)]. Das Böse begegnet ihr in ihren Wahnvorstellungen kurz vor ihrem Tod und nimmt die Gestalt der Mutter an. Diese ist durch ihre Kenntnis mehrerer Fremdsprachen und die damit verbundene Affinität zum Fremden bereits mit der bedrohlichen Gegenwelt verbunden und ihr Bildnis, von dem Vera später verfolgt wird, steht in einer Similaritätsbeziehung mit dem Teufel.[91] In Kongruenz zu Mar'ja Pavlovnas Begegnung mit dem Dämon der Liebe, der sie ins Grab bringt, zeigt sich in *Faust* eine Manifestation von „Turgenev´s conviction of man´s dependence on fate [...] and his sense of the dark, powerful, and destructive forces of the Unknown [...][.] Vera was forced into it by the power of supernatural forces (her mother´s ghost), which were simply another manifestation of the Unknown".[92]

Anders als in der eindeutigen Verknüpfung heiliger Unschuld mit den Figuren Mar'ja und Vera werden Klara Milič durchaus böse Züge zugeschrieben. Dies wird bereits bei der Beschreibung ihrer äußeren Erscheinung offengelegt, welche nicht dem Turgenevschen Schönheitsideal entspricht: im klaren Kontrast zur zarten, hellen und freundlichen Gestalt der Mutter wird sie explizit als böse bezeichnet: „А эта черномазая, смуглая, с усиками на губе, она наверно педобрая, взбалмошная... «Цыганка»" (КМ, 313) [dt.: „Diese Dunkelhäutige indes mit den derben Haaren und dem Anflug von Schnurrbart auf der Lippe, sie war gewiß böse und mutwillig... eine `Zigeunerin´" (DEKM, 398)]. Ihre dämonischen Züge treten in der Erzählung zu Tage, als ihre Schwester Anna (die im Übringen das „`engelsgleiche[...]´

---

[91] W. Koschmal: *Vom Realismus zum Symbolismus*, S. 135-136.
[92] E. Kagan-Kans: *Fate and Fantasy: A Study of Turgenev´s Fantastic Stories*, S. 545.

Pendant zur Mutter"[93] darstellt) davon berichtet, dass der Vater Klara als schwarzen Teufel („бесенок черномазый", KM, 331) bezeichnet habe. Er berichtet auch davon, dass Klara ihrem einstigen Verlobten eine Ohrfeige erteilt habe, um zu testen, wie dieser darauf reagiere und infolgedessen laut aufgelacht habe. Durch Ernst und Strenge, jedoch vornehmlich durch ihren Stolz wird Klara einer dämonischen Sphäre zugeordnet. Von Kupfer wird sie nach ihrem Tod als stolz wie der Satan selbst beschrieben („как сам сатана", KM, 323) und gehört damit laut Koschmal zu einer Reihe von stolzen Frauenfiguren, welche durch ihre Eigenschaften etwas Bedrohliches erhalten: „Willensstärke, Strenge und Stolz, die als Charaktereigenschaften meist eine dämonische Sinndimension gewinnen, kennzeichnen in den späten Texten Turgenevs also in der Regel weibliche Figuren. Sie konstituieren in erster Linie die geheimnisvolle, bedrohliche Welt dieser Dichtung".[94] Diese Zuordnung zur Sphäre des Dämonischen erfolgt auch durch symbolische Attribute wie dem schlangenartigen Zopf auf der Fotografie, mit der Aratov später die Ikone der Mutter ersetzen wird: „перевитая лентой густая коса падала змеей на обнаженную руку" (KM, 332) [dt.: „ihr mit einem Band umwundener, dicker Zopf fiel wie eine Schlange auf ihren entblößten Arm" (DEKM, 424)]. Auch ihre Zuweisung zu einer fremden, unbekannten Welt gehört zu dieser dunklen, bösartigen Seite der Figur. Diese unbekannte Welt stellt die Gegenwelt zu Aratovs häuslicher Umwelt dar, welche er verlässt, sobald er die Villa der georgischen Fürstin betritt, die wiederum durch die fremde Herkunft der Fürstin bereits mit dem Attribut des Unbekannten, Geheimnisvollen versehen wird. Gesteigert wird das Verlassen des bekannten, geschützten Raumes sodann durch Aratovs Reise nach Kazan´, welche zugleich die erste Reise in seinem Leben bedeutet. Diese Reise markiert gleichsam den Übergang von einer diesseitigen Sphäre, die von Ordnung und Stabilität geprägt ist, in die dämonische Gegenwelt, in der Unordnung, Chaos und Auflösung herrschen.[95] Klara wird jedoch gegen Ende der Erzählung und mit wachsender Obsession Aratovs

---

[93] M. Nemere: *Verführerische Lektüren in der Prosa des russischen Realismus*, S. 125.
[94] W. Koschmal: *Vom Realismus zum Symbolismus*, S. 74.
[95] M. Nemere: *Verführerische Lektüren in der Prosa des russischen Realismus*, S. 117-119.

zunehmend dem Gebiet des Sakralen zugeordnet, was letztlich darin gipfelt, dass Aratov das ikonenhafte Bildnis der Mutter durch Klaras Fotografie substituiert. Die Figur wird daher nicht gänzlich auf das Böse reduziert, sondern entspricht einer „Doppelphysiognomie einer Gesetzlosen und Heiligen",[96] was trefflich in Aratovs Gespräch mit ihrer Schwester Anna dargestellt wird:

> „сестру обожала, хоть и дралась с ней и кусала ее... Правда, она потом становилась на колени перед нею и целовала укушенные места. Она была вся – огонь, вся – страсть и вся – противоречие: мстительна и добра, великодушна и злопамятна; верила в судьбу – и не верила в бога [...] любила все красивое, а сама о своей красоте не заботилась и одевалась как попало; [...] боялась смерти и сама себя убила!" (KM, 331)
>
> [dt.:„ihre Schwester hatte sie bewundert, auch wenn sie sich mit ihr schlug und sie biss. Danach freilich kniete sie vor ihr nieder und küsste die Stellen, wo sie sie gebissen hatte. [...] [S]ie liebte alles Schöne, vernachlässigte dabei ihre eigene Schönheit und kleidete sich mit dem, was sie gerade zur Hand hatte; [...] sie fürchtete den Tod und – nahm sich das Leben" (DEKM, 422)].

Die Doppelseitigkeit Klaras ist bereits in der Figur angelegt, es findet jedoch eine Verlagerung der Werte statt, in der sich die lebende Klara als Gegenpol zur heiligen Mutter vom Dämon zur Toten und ebenfalls Heiligen wandelt. Dieser Wandel ist vollendet, sobald Aratov das Bildnis der Mutter von der Wand nimmt und das Bildnis Klaras alle Macht über Aratov eingenommen hat. Diese Macht herrscht über ihn, seit er den Traum von der statuenhaften Frau hat, die sich in Klara verwandelt und verstärkt sich zunehmend, bis er spürt,

> „что он опять находится *во власти,* именно во власти другой жизни, другого существа. [...] Нет, он не влюблен, да и как влюбиться в мертвую, которая даже при жизни ему не нравилась, которую он почти забыл? Нет! но он во власти... в *ее* власти... он не принадлежит себе более" (KM, 335, Hervorhebung: I.S.T.).
>
> [dt.: „daß er sich wieder *in der Gewalt* eines anderen Wesens, eines anderen Lebens befand. [...] Nein, er war nicht verliebt, und wie konnte er sich überhaupt in eine Tote verlieben, die ihm nicht einmal gefiel, als sie noch lebte, die er fast vergessen hatte? Dennoch befand er sich in eines anderen Wesens Gewalt, in *ihrer* Gewalt, er gehörte nicht mehr sich selbst." (DEKM, 428)]

---

[96] M. Nemere: *Verführerische Lektüren in der Prosa des russischen Realismus*, S. 125.

Die Macht, welche hier von Aratov Besitz ergreift, ist die Liebe und die Gefahr, die von ihr ausgeht und wird durch Klara verkörpert. Sie ist das Objekt, das die Liebe in Aratov weckt (und aus diesem Grund auch erst sterben muss, da Aratov nicht in der Lage ist, Liebe mit lebenden Personen zu verbinden) und gleichsam all die Instabilität, Gefahr und schließlich den Tod notwendigerweise mit sich bringt. Dass für Aratov Liebe und Macht synonym zu verstehen sind, zeigt sich auch in seinem Zitat des Johannesevangeliums, in welchem er das Wort „Liebe" durch „Macht" austauscht (KM, 337). Diese Macht wird zunehmend zu einer Todesmacht: In derselben Nacht, in der Aratov träumt, ihm werde der Tod verkündet, erscheint ihm Klara erneut und „он опять и навсегда в ее власти" (KM, 343) [dt.: „er ist wieder und für immer in ihrer Macht" (DEKM, 439)]. Dieser Überlappung von Liebe und Macht wird hier ein Drittes zugeordnet: der Tod. Bei Aratovs dritter halluzinogener nächtlichen Begegnung mit Klara gibt er sich dem Konglomerat aus Liebe, Macht und Tod, welches sich in der Figur Klara verdichtet, gänzlich hin und ruft aus: „Ты победила... Возьми же меня! Ведь я твой – и ты моя!" (KM, 344) [dt.: „Du hast gesiegt! Nimm mich hin! Ich bin dein, und du bist mein!" (DEKM, 440)].

Insbesondere Mar'ja Pavlovna und Vera sind hochstilisierte und stark reduzierte Charaktere, denen die uneingeschränkte Tugendhaftigkeit zugeschrieben wird, wodurch sie einen Heiligenstatus erlangen. Dieser wird durch ihren Tod bewahrt. Mar'ja Pavlovnas Geschichte ist mit Gewissheit der klassische Fall einer gefallenen Frau, die ihren Fehltritt durch Suizid wieder gut zu machen weiß und sich damit einreiht in die unzähligen Selbstmörderinnen der Weltliteratur, die von einem Lebemann verführt wurden und ihre verlorene Unschuld mit dem Leben einbüßen. Um ihre Perfektion und die damit verknüpfte unbestrittene Zuweisung zur Sphäre des Guten aufrecht erhalten zu können, bleibt ihr nach ihrer Entgleisung in Gestalt ihrer Liebe zu dem Taugenichts Veret'ev nur noch der Tod. Inwiefern die Figur Mar'ja dies reflektiert, ist ungewiss, da der Blick in ihr Inneres versperrt bleibt. Es ist somit fraglich, ob Maegd-Soep mit ihrer Interpretation der Sinnesleere als Grund für den Selbstmord einen schlüssigen Ansatz verfolgt: „when one day the lighthearted, carefree man disappears without a sign of good-bye and Mar'ja is left with only her illusions, she realizes that her own life has become aimless".[97] Seeleys Erklärungsversuch über ihren Tod erscheint vor dem Hintergrund der stilisierten Tugend plausibler, da er deutlich auf Stolz und Anstand verweist: „Both [...] [her] pride and [...] her modesty must have been outraged by the realization that she had been reduced to becoming the slave of a man who did not deserve her respect".[98] Auch hier ist jedoch hinzuzufügen, dass es letzendlich dem Leser zu raten verbleibt, ob dies Mar'jas innere Motivation sein könnte, da der Text keine Aufschlüsse darüber liefert. Es ist jedoch der Verweis auf Stolz, Anstand und Ehre, die auf ihre Eigenschaft der verkörperten Tugend hinweisen. Eine ähnliche Tugendhaftigkeit findet sich in Vera in *Faust*, mit dem Unterschied, dass die Figur Vera mit Leidenschaft ausgestattet wurde, welche mit den Idealen ihrer toten Mutter kollidiert. So beschreibt Kagan-Kans den Grund für Veras Tod als Konflikt zwischen zwei ererbten Veranlagungen: „From her ancestors Vera has inherited passion and from her mother an obsessive idea. The maternal idea is objectivized for Vera in the image of the dead mother at the moment of the love embrace [...]. The conflict between the two inherited forces leads to a mortal shock".[99] Tatsächlich scheinen es, ähnlich wie bei Mar'ja Pavlovna, Liebe und Leidenschaft zu sein, die Vera ins Grab führen. Es ist jedoch zu unterscheiden zwischen der Leidenschaft für die Lektüre literarischer Texte, die in der Erzählung als ungewöhnliches Talent gezeichnet wird und somit Teil ihres perfekten, idealen Charakters ist, und der leidenschaftlichen Liebe zu einem Geliebten, die wiederum für die verheiratete Vera als Sünde gilt. Ihr Fauxpas des Kusses im Gartenhäuschen kann nur durch ihren Tod gesühnt werden, denn erst ihr Wahn und der darauf folgende Tod vermögen es, ihre tugendhafte Unschuld wiederherzustellen und sie von der Schuld des Ehebruchs zu befreien. Wenngleich Klara in *Klara Milič* die radikale Reduktion auf das Gute und die Tugend mit den beiden anderen Figuren nicht teilt, so entspricht das Motiv ihres Todes jedoch dem gleichen Muster der Wiederherstellung der Unschuld. Nemere beschreibt dieses sehr trefflich:

---

[97] C. de Maegd-Soep: *The Emancipation of Women in Russian Literature and Society*, S. 214.
[98] F. F. Seeley: *Turgenev*, S. 142.
[99] E. Kagan-Kans: *Fate and Fantasy: A Study of Turgenev's Fantastic Stories*, S. 557.

„Was Klaras Selbstmord anbelangt, so ist entscheidend, dass das Motiv nicht *einfach* und *profan* unerfüllte Liebe ist, vielmehr knüpft Klara mit ihrer Tat an ein Versprechen an, auf den Einzigen, den Idealen zu warten, und im Falle, dass dieser Auserwählte sie nicht wolle, sich zu töten.[...] Die `unberührte, unnahbare´ Katarina [...] hat zu Lebzeiten [...] ein sakrales Ideal in sich getragen, und sie hat darüber hinaus ihren Vollkommenheitsanspruch, das Ideal von `Ehrlichkeit, Wahrhaftigkeit, Reinheit´ [...] mit einer Vehemenz vertreten, die den Tod in Kauf nimmt".[100]

Hier wird deutlich, dass auch Klara in den Tod geht, um ihr Unschuldsideal zu bewahren und die makellose Perfektion an Willensstärke und Ansprüchen zu bleiben, als die sie dargestellt wird. Im Falle Klaras besteht neben diesem Heiligenstatus jedoch noch eine weitere Position: das Dämonische, Todbringende in der Figur. Diese bezieht sich allerdings nicht auf ihren eigenen Tod, welcher, wie bei Mar'ja und Vera, der Tod einer starken Frau ist, die ihren Makel der falschen Liebhaberwahl mit dem Freitod ausgleicht. Das teuflische Element der Figur bezieht sich vielmehr auf Aratov, für den die Begegnung mit ihr bereits das Ende der Ordnung, Chaos und schließlich den Tod bedeuten. Klara ist folglich in zweifacher Hinsicht mit dem Tod verbunden: als getötete Tugend, die sterben muss, um den Status der Heiligen bewahren zu können und als todbringender Dämon, der die geordnete Welt des Protagonisten Aratov einstürzen lässt.

Da keine der drei Erzählungen Aufschluss über die innere Motivation zum Handeln (insbesondere in Bezug auf die beiden Suizide) gibt, liegt die Annahme nahe, dass das Sterben nicht nur in der Figur selbst, sondern auch in der Handlung der Erzählung begründet liegt. Es stellt sich die Frage, an welcher Stelle in der Erzählung der Tod der Frauen platziert ist und was durch ihn entsteht oder gewonnen wird. Wie bereits aufgezeigt wurde, werden alle drei Figuren durch ihr Sterben zurück auf ihren Platz in der symbolischen Ordnung verwiesen, der ihnen den Lokus tugendhafter Heiligkeit zuweist. Die Wiederherstellung dieser Ordnung kann auch auf der Ebene der Handlung der Erzählung erfolgen. Die Ereignisse der Erzählung *Zatiš'e* sind ein kurzer, aber überwiegend bangloser Auszug aus dem Leben des Erzählers. Mar'jas Tod ist darin schlicht die feste Bestätigung der Annahme, dass Mar'ja nicht als Ehefrau Astachovs in Frage kommt, und ist damit An-

---

[100] M. Nemere: *Verführerische Lektüren in der Prosa des russischen Realismus*, S. 125-126.

lass des endgültigen Verlassens des Gutes durch Astachov. Die Rahmung der Erzählung legt dies nahe: Zu Beginn der Erzählung, noch bevor Astachov Ipatov und seiner Familie begegnet, ist dieser auf der Suche nach einer Ehefrau: „он думал о браке, браке по наклонности, но в то же время выгодном. Особенно хотелось ему сыскать жену со связями. Он находил, что у него недостаточно было связей" (ZAT, 9-10) [dt.: „er dachte an eine Ehe, die er aus Neigung schließen würde und die ihm zugleich Vorteile bringen sollte. Sein Wunsch ging besonders nach einer Frau mit Verbindungen." (DEZAT, 276)]. Am Ende hat er genau diese gefunden: Acht Jahre nach den Ereignissen auf dem Ipatovschen Gut trifft Astachov Veret'ev wieder. Dies hat jedoch keinerlei Bedeutung in seinem Leben, denn „Владимир Сергеич уже лет пять как женился, именно так, как всегда желал: жена его была богата и с самыми лучшими связями" (ZAT, 58-59) [dt.: „Seit fünf Jahren schon war Wladimir Sergejitsch verheiratet; er hatte eine Frau gefunden, genau wie er sie sich immer gewünscht hatte: reich und mit den besten Beziehungen." (DEZAT, 347-348)] . Diese Einrahmung zeigt auf, dass es sich um die Geschichte eines Junggesellen auf Brautschau handelt, der auf seinem Weg eine geeignete Heiratskandidatin zu finden auf Irrwege geführt wurde und von diesen wieder abgekommen ist. Sein Treffen mit den potentiellen Kandidatinnen Nadežda Aleksandrovna und Mar'ja Pavlovna ist einer dieser Irrwege. Offensichtlich genügen beide seinen Ansprüchen, da sie aus gutem Hause stammen, jedoch steht einer Zusammenkunft der jeweilige Geliebte im Wege. Eine Annäherung an Nadežda scheitert an dem überlegenen Stel'činskij, mit dem sich Astachov um Haaresbreite gar duelliert hätte. Veret'ev ist Astachov jedoch weit überlegen, sodass die Verbindung zu Mar'ja auf Grund ihrer entschlossenen Liebe zu Veret'ev unmöglich ist. Mit dieser Entschlossenheit kann Astachov ebenso unmöglich ein Duell ausfechten und somit muss der „Gegner" mit anderen Mitteln gezähmt werden. Die Episode von Mar'jas Tod ist schließlich Teil dieses Irrweges, auf dem Astachov erfolglos seine Nebenbuhler auszulöschen sucht, und das Verlassen des Gutes weist Astachov den einzigen Weg in die richtige Richtung. Erst als Astachov in die Stadt zurückkehrt, findet er die ihm zustehende Ehefrau. Sein Besuch auf dem Lande wird dadurch zu einem Abstecher in eine merkwürdige Welt, in der er keinen Erfolg bei seiner Suche nach einer angemessenen Ehefrau hatte und dies zu Recht, denn als Edelmann ziemt es sich nicht mit Menschen vom Lande zu verkehren, wie Astachovs Bekannter ihn auf dem Nevskij Prospekt tadelt: „С деревенскими соседями в городе не кланяются... ce n´est pas comme il faut." (ZAT, 61) [dt.: „Mit den Nachbarn vom Lande tauscht man in der Stadt keinen Gruß, ce n´est pas comme il faut." (DEZAT, 351)]. Astachov ist von Beginn der Erzählung an der Sphäre der Stadt zugeordnet und somit sind am Ende alle dort, wo sie hingehören: Astachov hat die ihm ebenbürtige Ehefrau gefunden, hat dem Landleben abgeschworen und verweilt in Petersburg, Veret'ev besingt seine Trunksucht in der Kneipe und Mar'ja, eine potentielle Bedrohung dieses Ausgangs der Geschichte, ist ebenso am Ort ihrer Bestimmung. Auch in *Faust* findet der Erzähler letztlich, wonach er sucht. Noch im ersten Brief heißt es: „несмотря на весь мой жизненный опыт, есть еще что-то такое на себе, друг Горацио, чего я не испытал, и это «что-то» - чуть ли не самое важное" (FAU, 121) [dt.: „ungeachtet all meiner Lebenserfahrung, glaube ich, daß es noch Dinge gibt, mein Freund Horatio, von denen ich mir nichts hab träumen lassen, und daß eben diese Dinge womöglich das Wichtigste sind" (DEFAU, 404)]. Einsam und unzufrieden ist der überflüssige Held in dieser Erzählung auf der Suche nach dem Sinn. Im letzten Brief bleibt Pavel derselbe; er ist lediglich um eine Erkenntnis reicher und scheint eine Antwort auf die eingangs geäußerte Frage gefunden zu haben: „жизнь не шутка и не забава, жизнь даже не наслаждение... жизнь тяжелый труд. Отречение, отречение постоянное – вот ее тайный смысл, ее разгадка" (FAU, 149) [dt.: „Das Leben ist kein Scherz und kein Vergnügen, das Leben ist nicht einmal Genuß, nein, das Leben ist schwere Mühe, Entsagung, forwährende Entsagung – das ist sein geheimer Sinn, die Lösung seines Rätsels" (DEFAU, 445)]. Das unzufriedene, sinnentleerte, an Depression grenzende Dasein des Erzählers ist hier der Normalzustand, der durch den Tod Veras wiederhergestellt wird. Auch in *Faust* findet der Protagonist erst durch Abwege (wie ein glückliches Beisammensein in Zweisamkeit) seine korrekte Bestimmung, die von Unglück und Sinnesleere geprägt ist.

Ein besonderer Fall liegt bei *Klara Milič* vor, da Klaras Tod unweigerlicher Bestandteil der Handlung ist und die Veränderungen in Aratov sowie seinen eigenen Tod erst hervorruft. Bereits der Titel suggeriert, dass die eigentliche Handlung sich nach dem Tod vollzieht (der Titel evoziert jedoch zwei Deutungen – sowohl Klaras Tod wird ausgedrückt, zumal ihr Name den Titel erweitert, als auch das glückliche Dasein Aratovs, welches ihm erst nach seinem eigenen Tode beschert wird). Die Figur Klara, ihr Leben und Sterben, sind somit nur der Auftakt der eigentlichen Geschehnisse, denn der Großteil der Handlung findet ohne sie statt. Die gesamte Erzählung ist jedoch um ihren Tod herum gestaltet, der dementsprechend das Zentrum der Erzählung darstellt, an dem sich die Ereignisse reflektieren. Klaras Tod ist die Spiegelachse der Erzählung, in der zwei Zustände herrschen: *vor* dem Tod und *danach*.[101] Vor Klaras Tod ist Aratov sein kontrolliertes Selbst, das sich langsam aus seiner geordneten, überschaubaren Welt herausbegibt; nach ihrem Tod wird er besessen von der Anziehungskraft, welche die Tote auf ihn ausübt. Diese Auswirkungen können sich erst dann entfalten, wenn ihr alles Leben entwichen ist, da Aratov nicht in der Lage wäre, sich in ein lebendiges Subjekt zu verlieben, sondern das tote Bildnis benötigt, um Emotionen wie Liebe überhaupt spüren zu können. Das Besondere an der Erzählung ist jedoch das Phänomen, dass sie zwei Tode beinhaltet und dass das *Davor* und das *Danach* auch für Aratovs Tod gilt. Denn erst nach dem Tod gelingt es, dem Protagonisten ein Lächeln auf die Lippen zu zaubern, denn „на лице умирающего засияла та блаженная улыбка, от которой так жутко становилось бедной старухе" (KM, 347) [dt.: „erstrahlte auf dem Antlitz des Sterbenden jenes selige Lächeln, von dem der armen alten Frau jedesmal so beklommen zumute wurde" (DEKM, 443)]. Wenngleich die Bedeutung des Todes hier eine besondere Stellung einnimmt, stimmt Klaras Art zu sterben insofern mit der Mar'ja Pavlovnas und Vera Nikolajevnas überein, als sich die Bedeutung des Todes der drei Frauenfiguren auf den männlichen Protagonisten bezieht bzw. sich ihm als dienlich erweist, indem er der Handlung der Erzählung dient – oder diese gar erst ermöglicht –, die *seine* Geschichte portraitiert. Die drei Figuren sterben, damit die männlichen Protagonisten etwas gewinnen können, sei es der Weg zur richtigen Ehefrau, die Erkenntnis über ein pflichterfüllendes

---

[101] S. M. Nemere: *Verführerische Lektüren in der Prosa des russischen Realismus*, S. 116.

Dasein oder aber ein Grund, sich aus althergebrachten, vertrauten Mustern herauszubegeben und Neuland zu betreten.

4.1.3 Inszenierung des Todes

Neben dieser Erklärung der Gründe für das wiederholte Sterben weiblicher Heldenfiguren stellt sich die Frage nach der Inszenierung des Motivs. In den drei Erzählungen wird der weibliche Tod auf sehr verschiedene Weisen dargestellt. Ihnen allen ist jedoch gemein, dass es sich um eine ästhetische Inszenierung handelt, indem das dargestellte Sterben als schöner Tod gezeigt wird. Somit verweist das Sterben der Frau auch gleichzeitig auf die Poetizität des Textes und entspricht ganz dem Sinne von Poes Aussage über das poetischste aller Themen. Die sinnlichste Darstellung des Todes findet sich gewiss in der Erzählung *Zatiš'e,* in der sehr ausgedehnt aus der Perspektive des Erzählers von der Suche nach Mar'jas Leiche berichtet wird. Vorbereitet wird das Ereignis durch Astachovs Beobachtung, als er vor dem Zubettgehen aus dem Fenster blickt: „Вдруг Владимиру Сергеичу показалось, будто что-то белое промелькнуло по земле" (ZAT, 55) [dt.: „Plötzlich glaubte Wladimir Sergejitsch dort unten etwas Weißes vorbeihuschen zu sehen." (DEZAT, 343)]. Dass die weiße Farbe sofort auf Mar'ja schließen lässt, liegt an einer vorherigen Szene am gleichen Ort, wo sie als blasse Figur im Mondschein erschienen war, sowie an der beschriebenen Verkörperung der Unschuld Mar'jas, die hier durch die weiße Farbe symbolisiert wird. Die weiße Farbe wird in der gesamten nächtlichen Szene zum Zeichen für Mar'jas Körper. Als Astachov schließlich begreift, dass sich Mar'ja tatsächlich das Leben genommen hat, denkt er: „Так вот что мне показалось белое в темноте" (ZAT, 57) [dt.: „Das also war das Weiße, das ich im Finstern sah" (DEZAT, 345)]. Auch als die Leiche geborgen wird, deutet schon die weiße Farbe darauf, dass es sich um Mar'ja handelt:

> „ – Стойте, - промолвил староста, - и я зацепил... что-то, кажись, мягкое, - прибавил он погодя немного.
>
> Белое пятно показалось возле лодки...
>
> - Барышня! – вдруг крикнул староста. – Она!

> Он не ошибся... Багор зацепил Марью Павловну за рукав ее платья" (ZAT, 57).
> [dt.: „`Halt!´ meldete sich da der Starost. `Jetzt ist bei mir was... Muß was Weiches sein´, fügte er nach einer Weile hinzu.
> Ein weißer Fleck zeigte sich neben dem Boot.
> `Das gnädige Fräulein!´ schrie der Starost. `Sie ist es!´
> Er irrte sich nicht. Sein Haken hatte Marja Pawlowna am Ärmel ihres Kleides erfaßt." (DEZAT, 345)]

Die Verknüpfung der weißen Farbe mit dem Ärmel des Kleides evoziert unmittelbar das Bildnis einer von Wasser und Pflanzen umspülten Ophelia, die anmutig im seichten Wasser treibt.[102] Anstelle der Beschreibung der Toten wird hier die Farbe Weiß zum Zeichen der Leiche Mar'jas. Die Verknüpfung zur Unschuld und dem damit geweckten Bildnis tritt an die Stelle einer Beschreibung des Leichnams. Die Wasserleiche erhält durch die Verbindung mit der symbolträchtigen Farbe ihre ästhetische Gestaltung. Der Hergang des Todes bleibt ebenso ausgespart wie eine Beschreibung der Wasserleiche; dargestellt wird er kurz vorher durch die Erzählung der trauernden Zofe Mar'jas:

> „сама я, окаянная слышала, как она, голубушка моя, в воду бросилась, как билась в воде, как закричала: спасите, а там еще разочек: спасите! [...] да уж я знала, я прямо так в сад и побежала, словно надоумил меня кто, слышу, вдруг бултых что-то в вову: спасите, слышу, кричит... спасите..." (ZAT, 56-57).
>
> [dt.: „[I]ch selber, oh, ich elendes Weib, habs doch gehört, wie sie, mein Täubchen, sich ins Wasser stürzte, dann mit den Armen aufs Wasser schlug, wie sie schrie: `Hilfe!´ Und dann noch einmal, ja, noch einmal: `Hilfe!´ [...] Ich wußte es ja gleich, bin in den Garten gerannt, so schnell ich konnte; es war als hätt mir´s jemand zugeflüstert. Und da hör ich auch schon: plumps ins Wasser. Und `Hilfe!´ hör ich sie schreien, `Hilfe!´" (DEZAT, 344)].

Während hier die explizite Beschreibung des Sterbens und des Todes noch ausgespart bleibt, so erfährt jedoch an späterer Stelle der aufgebahrte Leichnam eine Fetischisierung, indem in ihm Attribute von Schönheit, Tod und Weiblichkeit gekoppelt werden:

---

[102] Zum Motiv der weiblichen Wasserleiche s.: A. M. Stuby: *Liebe, Tod und Wasserfrau* und G. Bachelard: *L´Eau et les Rêves*.

"Она лежала на столе в гостиной, в белом платье... Густые ее волосы еще не совсем высохли, какое-то скорбное недоумение выражалось на ее бледном лице, не успевшем исказиться; раскрытые губы, казалось, силились заговорить и спростиь что-то... стиснутые крест-накрест руки как бы с тоской прижимались к груди" (ZAT, 57).

[dt.: „Ihr dichtes Haar war noch nicht ganz trocken; das bleiche Gesicht, das der Tod noch nicht hatte entstellen können, drückte schmerzliche, fassungslose Verwunderung aus; die geöffneten Lippen schienen mit letzter Kraft sprechen und etwas fragen zu wollen; die über Kreuz gelegten Arme preßten sich gleichsam voller Bangen an die Brust." (DEZAT, 346)]

Die Darstellung des dichten Haares und der geöffneten Lippen deuten auf die Weiblichkeit der Toten und zeugen zugleich von einer Erotisierung des Leichnams. Gleichzeitig verweisen jedoch die Haltung der auf der Brust überkreuzten Arme sowie das bleiche Gesicht auf den Zustand des Todes. Mit der Fetischisierung des Leichnams geht seine Personifizierung als eine Scheinlebende einher: Das leblose Gesicht drückt noch Verwunderung aus und die Tote scheint noch sprechen zu wollen. Die Leiche wird hier geradezu mit Leben gefüllt, was den Wunsch danach ausdrückt, dass sie noch leben und handeln solle. Diese Fetischisierung des Leichnams bringt die totale Besitzname des weiblichen Körpers zum Ausdruck – die Unmöglichkeit den Körper der lebenden Mar'ja besitzen zu können geht hier einher mit der erotisch-ästhetischen Darbietung ihres Leichnams.

Die Aussparung ist auch das Mittel, welches zur Darstellung der Grausamkeit an Veras Tod in *Faust* dient. Die Krankheit, der sie keine zwei Wochen nach der intimen Begegnung mit Pavel erliegt, wird nicht spezifiziert. Kurz bevor sie stirbt, schleicht er sich zu ihrem Schlafzimmer und erschrickt sich ob der Tatsache, dass Vera ihn für Mephisto hält:

„Вера лежала на постели с закрыыми глазами, худая, маленькая, с лихорадочным румянцем на щеках. Как окаменелый, смотрел я на нее. Вдруг она раскрыла глаза, устремила их на меня, вгляделась и, протянув исхудалую руку –

Чего хотет он на освященном месте,

Этот... вот этот.... –

произнесла она голосом до того страшным, что я бросился бежать" (FAU, 148).

> [dt.: „Wera lag im Bett, die Augen geschlossen, mager, klein, mit Fieberröte auf den Wangen. [...] Auf einmal öffnete sie die Augen, richtete sie lange und forschend auf mich, dann streckte sie den abgemagerten Arm aus und sprach:
> 'Was will der an dem heiligen Ort?
> Der! Der!'" (DEFAU, 443)].

Die Sterbende wird hier voller Bestürzung und Schauder geschildert, sodass das gruselige Bild einer Besessenen entsteht. Offensichtlich ist die Krankheit und der darauf folgende Tod so grausig, dass auf eine direkte Darstellung verzichtet werden muss, denn über ihren Tod heißt es nur sehr nüchtern: „Вера умерла. Я был на ее похоронах" (FAU, 148) [dt.: „Wera starb. Ich war bei ihrem Begräbnis zugegen." (DEFAU, 444)]. Eine bildliche Darstellung ihres Todes wird ersetzt durch das Bildnis von der zerbrochenen Vase. Der Tod Veras gibt dem Erzähler den Anlass, von einem Ereignis in seiner Kindheit zu berichten, bei welchem er eine Alabastervase aus „jungfräulichem Weiß" („девственной белизны", FAU, 149) in tausend Scherben zerbricht. Seine Schuld an Veras Tod beschreibt er: „Я возмужал – и легкомысленно разбил сосуд в тысячу раз драгоценнейшей" (FAU, 149) [dt.: „Dann reifte ich zum Mann – und zerschlug leichtfertig ein Gefäß, das tausendmal kostbarer war." (DEFAU, 444)]. An späterer Stelle unternimmt er den Vergleich noch deutlicher: „Мне следовало бежать, как только я почувствовал, что люблю ее, люблю замужнюю женщину; но я остался – и вдребезги разбилось прекрасное создание, и с немым отчаянием гляжу я на дело рук своих" (FAU, 149) [dt.: „Ich hätte fliehen müssen, sobald ich spürte, daß ich sie liebte, daß ich das Weib eines anderen liebte; aber ich war geblieben – und so fiel das herrliche Geschöpf in Scherben, und mit stummer Verzweiflung blicke ich auf das Werk meiner Hände." (DEFAU, 445)]. Dieser Vergleich mit einem Kunstgegenstand zeigt erneut Veras Entsprechung mit einem Kunstwerk und damit ihren Objektstatus. Diese Darstellung ihres Todes als zerbrochenes Gefäß (in welchem wertvolle Talente ruhten!) ist die totale Verdinglichung des Weiblichen. Die Figur wird reduziert auf einen Gegenstand, der schöne Hülle und nützliches Behältnis ist und bei unagemessener Behandlung zerbricht.[103] Mit diesem

---

[103] Zur zeitgenössischen Konstruktion des weiblichen Körpers als Hülle und Container s.: B. Richard/ J. Zaremba: *Hülle und Container*.

Vergleich wird jedoch unmissverständlich deutlich, dass die Figur zwei Tode sterben musste: Dem Tode an der unbekannten Krankheit kommt die Tötung durch radikale Reduktion auf ein Sammelobjekt zuvor. Dieser Charakter eines Artefakts kommt auch Klaras Tod zu, da dieser gleich in doppelter Hinsicht ästhetisch inszeniert wird, da er auch innerhalb der Geschichte Teil einer Inszenierung im Theater ist und somit durch eine Art Überinszeniertheit gekennzeichnet ist. Zunächst erfährt Aratov von ihrem Tod aus der Zeitung, die den Leser darüber in Kenntnis setzt, dass sich die Schauspielerin mittels eines Gifts das Leben unmittelbar im Theater nahm. Aratov selbst war bei dem Ereignis nicht zugegen, und auch der Erzähler berichtet davon nur durch die Perspektive Aratovs, da er vermutlich selbst auch nicht Zeuge des Vorfalls war. Die konkrete Darstellung ihres Todes ist somit in gewisser Weise auch von einer Aussparung geprägt, da dieser nur durch Berichte reproduziert wird. Denn auch die detaillierte Beschreibung ihres Todes durch Kupfer, welche dieser Aratov nach dessen nach Reise nach Kazan' erteilt, stellt den Bericht eines Dritten dar. Dieser Verzicht auf eine direkte Darstellung erhöht jedoch das dramatische Moment ihres Todes. Ihren eindrucksvollen Auftritt schildert Kupfer:

> „Взяла с собою стклянку яду в театр, перед первым актом выпила – и так и доиграла весь этот акт. С ядом-то внутри! Какова сила воли? Характер каков? И, говорят, никогда она с таким чувством, с таким жаром не проводила своей роли! [...] А как только занавес опустился – и она тут же, на сцене, упала. Корчи... корчи... и через час и дух вон!" (KM, 340)
>
> [dt.: „Sie hat das Gläschen mit dem Gift ins Theater mitgenommen und vor dem ersten Akt ausgetrunken und so den ganzen Akt gespielt. Mit dem Gift im Leib! Was für eine Willensstärke! Was für ein Charakter! Und es heißt, nie zuvor habe sie ihre Rolle mit so viel Hingabe und Feuer gespielt! [...] Doch kaum war der Vorhang gefallen, da stürzte sie auch schon zu Boden, auf der Bühne. Krämpfe und immer wieder Krämpfe, und eine Stunde später war es aus!" (DEKM, 435)].

Diese Inszenierung ruft in Aratov zunächst Abscheu hervor und er bezeichnet ihren Suizid als „какой-то уродливой фразой, бравировкой" (KM, 341) [dt.: „abgeschmacktes, eitles Bravourstückchen" (DEKM, 436)]. An diesem Urteil zeigt sich, dass Aratov ihren Tod aus einem rein ästhetischen Blickwinkel betrachtet, so „als handele es sich nicht um einen realen, sondern einen fiktiven Bühnentod, um ein Artefakt, dessen künstlerische Qualität es zu bewerten gelte".[104] In der Tat bleibt der Figur noch während ihres Todes ihr marionettenhafter Status anhaften und insbesondere an der Art ihres Todes wird ihre Übereinstimmung mit einem Kunstwerk deutlich. Was Kupfer hier inhaltlich schildert, zeigt, dass es sich bei der Art des Kunstwerks um ein Drama handelt, da dieser Hergang hochgradig theatralisch und spannungsgeladen ist. Nach Nemere wird hier das Sterben gar zu einem "Moment gesteigerten Lebens",[105] da Klaras Tod von einer künstlerischen Ekstase begleitet wird. Für Aratov und für den Leser bleibt die Figur das Kunstwerk, das sie von Beginn der Erzählung an war, denn psychologische Tiefe eines realistischen Charakters wird ihr auch nach ihrem Tode vorenthalten. Ihre gesamte Existenz sowie ihr Ableben ist der Tatsache geschuldet, dass die Figur des Aratov einen Anlass benötigte, um sein träges, unbemitteltes Gemüt von den Fesseln des behüteten Elternhauses unter der mütterlichen Fürsorge der Tante zu befreien. Erst Klaras Tod liefert den Impetus zu einer wirklich mutigen Wandlung des Helden, denn nur als Stumme, Getötete und Wehrlose traut sich Aratov, sie zu lieben. Ehe die fleischliche Existenz der ihn anziehenden Frau nicht in das Bildnis einer Fotografie hinein getötet wurde, wagt er sich nicht, sie zu lieben. Als Lebendige ist die Gefahr, die von Klara ausgeht, für Aratov zu groß, als dass er sich eingestehen könnte, in sie verliebt zu sein oder gar nur Interesse an ihr zu haben. Erst muss die lebende Frau verschwinden, damit sich der Held seine Fähigkeit zu lieben eingestehen kann. Die Tötung Klaras geht somit mit einer Besitznahme ihrer Person einher, da sie erst als stummes Bildnis, das sich Aratov zueigen gemacht hat, von ihm geliebt werden kann. Aratov glaubt sich von Klara *besessen*; tatsächlich ist er es, der Klara nun besitzt.

---

[104] M. Nemere: *Verführerische Lektüren in der Prosa des russischen Realismus*, S. 141.
[105] Ebd., S. 117.

4.2 Dämonen und Vampire – Zinaida, Ėllis und Agrippina
4.2.1 Schweigen und Starre

Neben den wohlbekannten überflüssigen Helden mit ihren starken Frauen existieren im Turgenevschen Prosawerk auch noch andere Beziehungsmuster, in denen die Protagonistinnen jedoch ebenfalls hinter dem männlichen Helden zurückbleiben, zumindest was die Darstellungsebene des Textes belangt. Den Helden, deren Perspektive die dominierende in den Erzählungen *Pervaja ljubov'*, *Prizraki* und *Brigadir* ist, ist gemein, dass sie allesamt von einer an Lähmung grenzenden Passivität befallen sind, sobald sie sich in der Nähe ihrer geliebten Heldin befinden und mit dieser interagieren. Die Helden befinden sich in einem traumähnlichen Zustand, der sie, durch einen Zauber betäubt, blind den Anweisungen seiner Heldin folgen lässt. Vladimir in *Pervaja ljubov'* gleicht bei seiner zweiten Begegnung mit Zinaida einem Schlafwandler, als sie ihn um seine Hilfe beim Aufwickeln von Wollgarn bittet und er nur nicken und ihr folgen kann: „Впрочем, в это мгновенье я почти ничего заметить не мог: я двигался как во сне и ощущал во всем саставе своем какое-то до глупости напряженное благополучие" (PL, 207) [dt.: „Übrigens war ich in diesem Augenblick nicht imstande, etwas zu bemerken; ich bewegte mich wie im Traum und empfand in meinem ganzen Wesen ein bis zur Albernheit gesteigertes Wohlbehagen." (DEPL, 81)]. Auch der Erzähler in *Prizraki* erfährt durch Ėllis' Begegnung Fremdbestimmtheit: „я как будто попал в заколдованный круг – и неодолимая, хотя тихая сила увлекла меня, подобно тому как, еще задолго до водопада, стремление потока увлекает лодку" (PRZ, 7) [dt.: „ich war gleichsam in einen Zauberkreis geraten – und eine unwiderstehliche, wenn auch sanfte Macht zog mich fort, gleich wie schon lange vor dem Wasserfall die Strömung das Boot fortreißt." (DEPRZ, 144)]. Diese unsichtbare Macht, die den Helden dazu veranlasst, seine eigenen Beschlüsse zu sabotieren und sich gegen seinen eigenen Willen nach den Wünschen seines Gegenübers zu richten, ist auch Vladimir bekannt: „Я дал было себе слово не подходить к «засекинскому саду», но неотразимая сила влекла меня туда – и недаром" (PL, 211) [dt.: „Ich hatte mir vorgenommen, mich dem ʼSasekinschen Gartenʼ nicht zu nähern; eine unwiderstehliche Macht zog mich aber hin – und nicht umsonst." (DEPL, 86)]. Immer wieder begegnen die Protagonisten dieser unbekannten, stillen Kraft, die so starken Einfluss auf sie ausübt, dass sie wehrlos gegen ihren eigenen Willen handeln. In *Brigadir* erhält diese Kraft jedoch genauere Konturen, indem sie sich in Form einer unüberwindlichen Liebe zu Agrippina äußert, welche ihn so zu lähmen in der Lage ist, dass er völlig passiv und gänzlich untätig alles für sie opfert:

> „Неужели ж вы обвиняете меня за то, [...] что так много и непреоборимо любил Агриппину Ивановну, жертвовал ей моей жизнью, моей честью и всем моим состоянием! Был в совершенной ее власти и потому не мог уже управлять ни самим собою, ни моей сабственностью – а распоряжалась она по своей воле как мною, так и моим састояньем!" (BRI, 94)
>
> [dt.: „könnten Sie mir [...] die unüberwindliche Liebe zu Agrippina Iwanowna vorwerfen, die so groß war, daß ich ihr mein Leben, meine Ehre und mein Vermögen geopfert habe? [...] Sie beherrschte mich so völlig, daß ich weder über mein Vermögen noch über mich selbst verfügte, das tat nur sie ganz allein." (DEBRI, 255)].

Was hier als unsichtbare, unheimliche Gewalt erscheint, dient als Beweis für die Unschuld des Helden an den Ereignissen. Es handelt sich um eine Erklärung für sein merkwürdiges Verhalten, mit welchem er sich selbst schadet. Der ehemalige Brigadier Gus'kov in *Brigadir* ist gänzlich Opfer seiner Liebe zu Agrippina und damit frei von jeder Schuld an der Ausbeutung, die ihm widerfährt. Die ungewollte Passivität der Helden liefert damit zugleich eine Rechtfertigung der totalen Aufopferung und im Falle des Brigadiers auch der an Unverstand grenzenden Naivität, welche er trotz bereits erfahrener Enttäuschung durch Agrippina nicht aufzugeben vermag. So gerät er in existentielle Bedrängnis, nachdem er sein Vermögen in die Schulden Agrippinas investierte, die Schuld ihres Verbrechens auf sich nahm und schließlich durch den Prozess den letzten Groschen gab, und er hat dennoch nicht gelernt, umsichtiger mit seinem Besitz umzugehen, denn als er nach Agrippinas Tod um Hilfe bei deren Tante bittet, richtet diese ihn endgültig zu Grunde:

> „Привезенные мною гостинцы, более как на пятьсот рублей, были приняты с отменным удовольствием; а потом и деньги, которые я привез для содержания себя, Феодулии Ивановне угодно было, под видом сохранения, взять в свое ведение, чему, угождая ей, я не противился" (BRI, 93)

[dt.: „Mit großer Freude empfing sie meine Geschenke – im Wert von über fünfhundert Rubel – und bemächtigte sich dann auch des Geldes, von dem ich meinen Unterhalt zu bestreiten gedachte, unter dem Vorwand, es für mich aufzubewahren. Ich wollte ihr diesen Gefallen tun und weigerte mich nicht." (DEBRI, 254)].

Diese Darstellung des Helden als passives Opfer, das gegen seinen Willen in sein Unglück getrieben wird, teilen die drei Erzählungen. Sie ist auch in *Pervaja ljubov'* und *Prizraki* darauf zurückzuführen, dass der Held als schuldlos an seinem Schicksal erscheinen soll. Wenngleich Vladimir Petrovič in *Pervaja ljubov'* freiwillig den Befehlen Zinaidas Folge leistet, so lässt seine Erzählung jedoch zweifelsfrei erkennen, dass er nicht die Verantwortung für sein unkluges Verhalten trägt: Als Zinaida ihn anweist, er solle von der Mauer springen, um zu beweisen, dass er sie wirklich liebt, gehorcht er ihr: „Не успела Зинаида произнести эти слова, как я уже летел вниз, точно кто подтолкнул меня сзади" (PL, 228) [dt.: „Sinaida hatte diese Worte kaum ausgesprochen, so flog ich schon hinab, als wenn mich jemand von hinten hinuntergestoßen hätte." (DEPL, 109)]. Bezeichnenderweise findet sich eben dieser Vergleich des Stoßes von hinten in *Prizraki*, als der Erzähler auf Ėllis' Aufforderung reagiert, er solle sie bitten, ihn mitzunehmen: „Ну, хорошо, - произнес я вслух и неожиданно громко, словно кто сзади меня подтолкнул. – Возьми меня!" (PRZ, 8) [dt.:"'Nun gut´, sagte ich, daß sie es hören konnte, unerwartet laut, als ob mich jemand von hinten gestoßen hätte: `Nimm mich hin!'" (DEPRZ, 145)]. Ein Blick auf die Erzählperspektive liefert eine Erklärung für die so einseitig zugewiesene Schuldigkeit in den Erzählungen und zeigt, dass es die Erzählerfigur ist, die den Helden so unmissverständlich von jeglicher Schuld freispricht. In *Pervaja ljubov'* wird Zinaidas Geschichte als sensationelles Ereignis in der Vergangenheit bei einer abendlichen Zusammenkunft dreier Männer vorgetragen. Die Rahmenhandlung der Erzählung berichtet von diesem Beisammensein. Die drei Anwesenden wollen sich ihrer ersten Liebe erinnern und möchten sich über dieses besondere Ereignis zu Unterhaltungszwecken austauschen. Vladimir Petrovič ist der einzige in der Runde, dessen Geschichte von der ersten Liebe wirkungsvoll genug ist, um 24 Jahre nachdem sie sich ereignet hat ein abendfüllendes Programm zu liefern.

Nicht ohne Stolz berichtet Vladimir Petrovič, dass seine Erlebnisse zur besonderen Art gehören:

> „ – Моя первая любовь принадлежит действительно к числу не совсем обыкновенных, - ответил с небольшой запинкой Владимир Петрович [...].
> - А! – промолвили хозяин и Сергей Николаевич в один голос. – Тем лучше... Рассказывайте.
> - Извольте... или нет: рассказывать я не стану; я не мастер рассказывать: выходить сухо и коротко или пространно и фальшиво; а если позволите, я запишу все, что вспомню, в тетрадку – и прочту вам" (PL, 202).
>
> [dt.: „`Meine erste Liebe gehört in der Tat zu dem nicht ganz Gewöhnlichen´, entgegnete mit leichtem Stocken Wladimir, [...].
> `Ah!´ riefen der Gastgeber und Sergej Nikolajewitsch wie aus einem Mund. `Desto besser... Lassen Sie hören.´
> `Mit Vergnügen... doch nein: erzählen will ich nicht; ich bin nicht Meister in dieser Kunst: entweder kommt es trocken und kurz oder weitschweifig und ungenau heraus; wenn Sie es aber zufrieden sind, will ich alles, dessen ich mich erinnere, im Zusammenhang aufschreiben und Ihnen dann vorlesen.´" (DEPL, 74)]

Bei der Erzählsituation von Zinaidas Geschichte handelt es sich somit um die schriftlich abgefasste Wiedergabe der Ereignisse durch den erwachsenen Vladimir Petrovič, der diese aus der Sicht seines jugendlichen Ichs darstellt. Die Tatsache, dass er sich für die geschriebene Version der Geschichte entscheidet, begründet er damit, dass diese zuverlässiger und genauer sei. Gleichsam ist sich Vladimir jedoch der ästhetischen Wirkung seiner Erzählung bewusst: „it implies a desire to transform that experience aesthetically, thereby controlling his own reaction, that of his auditors, and that of any future readers".[106] Das Bild, das von Zinaida gezeichnet wird, hat somit stets auch die Funktion das ästhetisch-erotische Empfinden der Zuhörer anzusprechen. In der Darstellung Zinaidas werden nicht nur Wünsche und Fantasien des heranwachsenden Vladimirs und seinem Verlangen nach Liebe und Erotik aufgezeigt, sondern auch eine erotische Projektionsfläche für die Sehnsüchte der Zuhörerschaft erschaffen, wie beispielsweise in der Beschreibung Zinaidas bei der ersten Begegnung:

> „Я все забыл, я пожирал взором этот стройный стан, и шейку, и красивые руки, и слегка растрепанные белокурые волосы под белым платочком, и

---

[106] E. C. Allen: *Beyond Realism*, S. 163.

этот полузакрытый, умный глаз, и эти ресницы, и нежную щеку под ними" (PL, 204)

[dt.: „ich hatte alles vergessen, verschlang mit den Blicken die schlanke Gestalt, den Hals, die schönen Arme, das unter dem weißen Tuch leicht in Unordnung geratene Harr, dieses halbverhüllte, kluge Auge, diese Wimpern und unter ihnen die zarte Wange..." (DEPL, 77)].

In der Tat ist die besondere Eigenart des Erzählers, möglichst auf Einflüsse seines erwachsenen Ichs zu verzichten und sich gänzlich in die Empfindungen seines jugendlichen Ichs hinein zu versetzen, Teil der ästhetischen Gestaltung der Erzählung. „Im Erzählten vergegenwärtigt sich somit Vergangenheit als wehmütige Erinnerung; zeitlicher Abstand schließt die unmittelbare Beteiligung des Erzählers nicht aus, sein jugendliches Bewußtsein verschmilzt mit den Erinnerungen des erfahrenen Mannes zu einer harmonischen Einheit".[107] Ungeachtet dessen, ob der erwachsene oder jugendliche Vladimir Petrovič spricht, handelt es sich jedoch um eine männliche Stimme, welche die Ereignisse einfängt. Die Position, aus der gesprochen wird, und jene, an die sich die Erzählung richtet (die Erzählsituation der Männerrunde) sind zweifellos männlich und lassen keine weibliche Perspektive der Geschichte zu. Dies gibt Anlass zu Andrews Feststellung, dass es in *Pervaja ljubov'* darum geht, wie Männer Frauen als Objekte wahrnehmen: „One reason we never directly hear Zinaida's story is that the point of view of the tale is almost entirely that of its young male narrator. On a different level, *First Love* could be said to be about how men perceive women as images, that is, how they objectify them".[108]

Ähnlich verschlüsselt wie in *Pervaja ljubov'* bleibt die weibliche Perspektive in der Erzählung *Prizraki*, in der eine Sequenz von traumähnlichen Zuständen eines männlichen Ich-Erzählers dargestellt wird. Es handelt sich um eine Imagination, Fantasie oder Träumerei des Erzählers, die dem Leser einen Weiblichkeitsentwurf des männlichen Erzählers offenbart. Es wird nicht

---

[107] R.-D. Kluge: *Turgenew – Erste Liebe*, S. 65. Für eine weitere Analyse der verschiedenen Erzählmodi und des Wechsels zwischen ihnen s. E. C. Allen: *Beyond Realism*, S. 162-167. Eine weitere Analyse der Position des Erzählers, welche hier als Position einer ästhetischen Distanz bezeichnet wird, die aus der Perspektive der Retrospektive resultiert, liefert R. Grübel: *Narrative Aisthesis der „Ersten Liebe": Erinnerung vs. Wiederholung*.

[108] J. Andrew: *Women in Russian Literature*, S. 126.

deutlich gemacht, ob die nächtlichen Ausflüge des Erzählers mit dem Wunderwesen Ėllis Träume oder Fantasiekonstrukte sind; der Untertitel der Erzählung *Fantazija* suggeriert jedoch, dass es sich um eine Träumerei oder Meditation handelt. Allen vermerkt in Bezug auf die Untertitelung, dass diese dazu dient, das Werk absichtlich und betont als Fiktion zu markieren, da dem Leser (und auch den Figuren) unterstellt wird, er würde die Sensation der Kontrolle über die Erfahrung lieben, welche der Akt der Kreation von Fiktivität vermittelt.[109] Wenngleich in der Erzählung nicht spezifiert wird, um welche Art von Fantasie es sich handelt, so ist jedoch sehr deutlich, dass sie die Innenansicht eines männlichen Erzählers zum Gegenstand hat, wodurch auch in *Prizraki* der Blickwinkel der Ereignisse zweifelsfrei männlicher Natur ist. Vor dem Hintergrund, dass eine spezifisch männliche Fantasie dargestellt wird, erklärt sich das Phänomen, dass die gesamte Erzählung von ineinander verwobenen Weiblichkeitssymbolen durchdrungen ist. Diese umgeben Ėllis und die nächtlichen Reisen und liefern einen Weiblichkeitsentwurf des Erzählers. Die „Person" Ėllis verschwindet gänzlich hinter der Mystik, welche sie umgibt. Sie wird nicht klar fassbar, da sie hinter dem Schleier des Nebels, der sie umgibt, verschwimmt. Ėllis ist ein schwammiges, unfassbares Wesen, das eher als Phänomen denn als Person wahrgenommen werden kann. Nichtsdestotrotz wird sie explizit als weiblich bezeichnet, sodass bei der Konzeption der Figur Ėllis eine Mystifizierung von Weiblichkeit zu beobachten ist, indem diese als unbekannte, zwar schöne, aber bedrohliche und unbekannte Erscheinung dargestellt wird.

Die Perspektive Agrippinas in *Brigadir* tritt gänzlich hinter die des Protagonisten. Zudem werden die Ereignisse von einem Ich-Erzähler geschildert, der von einem Ausflug auf den Gutshof eines Kommilitonen berichtet, wo er besagtem Brigadier begegnet, der auf ihn eine starke Anziehung ausübte. Die Faszination, welche von ihm ausgeht, geht auf die Frage des Erzählers zurück, wie ein ehemaliger Offizier so kläglich und armselig leben kann. Dass die Geschichte von Agrippina und Gus'kov überhaupt erzählt wird, liegt maßgeblich an der Neugier des Erzählers, die ihn antreibt und dazu bringt, Gus'kov zu folgen, um seine Geschichte zu erfahren. Demnach

---

[109] E. C. Allen: *Beyond Realism*, S. 49.

dreht sich die gesamte Erzählung im Wesentlichen um die Befriedigung der Neugier des Erzählers (und das damit angeregte Interesse des Lesers). Es ist die fixe Idee und eine gewisse Besessenheit davon, die Ereignisse im Leben Gus'kovs herauszufinden, welche den Erzähler veranlasst, Ogurec und Gus'kov ins Wirtshaus einzuladen, Gus'kov nach Hause zu begleiten und Forschungen über seine Vergangenheit anzustellen. Der Drang, das Mysterium um das Versagen des Brigadiers zu lösen, wird angetrieben von der Neugier des Erzählers, die sich in Aussagen, wie „мне все-таки сдавалось, что в жизни бригадира происходили события еще более необыкновенные" (BRI, 88) [dt.: „Doch es schien mir immer noch, daß es in seinem Leben noch bedeutsamere Ereignisse gegeben hatte." (DEBRI, 248)] äußert. Dass der Leser diese Neugier teilt, liegt auch darin begründet, dass der Erzähler diesen auf seine Seite zieht und unmittelbar zu Beginn der Erzählung direkt anspricht: „Читатель, знакомы ли тебе те небольшие дворянские усадьбы, которыми двадцат пять, тридцать лет тому назад изобиловала наша Великорусская Украйна?" (BRI, 78) [dt.: „Leser, kennst du die kleinen Landjunkergüter, die vor fünfundzwanzig, dreißig Jahren einen großen Teil unserer russischen Ukraine bildeten?" (DEBRI, 235)]. Hier wird nicht nur die Anwesenheit des Lesers deutlich gemacht, sondern gleichsam wird das Erzählte als Narration enttarnt.[110] Zudem wird der fiktive Leser hier ausdrücklich als russischer Leser definiert, indem das Possessivum *наша* [dt.: unsere] verwendet wird. Damit werden Leser und Erzähler eindeutig als in ihrer Herkunft verbunden und damit ebenbürtig markiert. Diese Verbundenheit bezieht sich ebenfalls auf ihr Geschlecht: beide sind männlich, denn eine Leserin wird durch den Erzählkontext ebensowenig angesprochen wie alle nicht-russischen Leser. Die Erzählsituation ähnelt somit jener in *Pervaja ljubov'* insofern, als es sich um ein als solches markiertes Gespräch unter Männern handelt. Der Versuch, Agrippinas Geschichte aus diesem Gespräch herauszufiltern macht deutlich, dass diese mehrfach verzerrt wird. Neben der Tatsache, dass der Erzähler selbst Agrippina gar nicht kannte, sondern lediglich aus verschie-

---

[110] Zum Erzählmodus s. E. C. Allen: *Beyond Realism*, S. 141-142. Dass in der Erzählung Anspielungen auf den fiktonalen Charakter gegeben werden sollen, wird auch unterstützt von der Tatsache, dass Turgenev die Erzählung als solche im Originalmanuskript markierte (s. E. C. Allen: *Beyond Realism*, S. 230).

nen Quellen (Narkiz, Gus'kov und Ogurec berichten über sie) von ihr erfährt, ist sie bereits seit 20 Jahren verstorben, als über sie gesprochen wird. Zusätzlich wird die gesamte Begebenheit der Begegnung des Erzählers mit Gus'kov weitere 30 Jahre nachdem sie sich ereignete, erzählt. Es handelt sich somit um eine enorme zeitliche Distanz zwischen den Erlebnissen Agrippinas und deren Wiedergabe durch den Erzähler. Dementsprechend wird ihre Geschichte auch nur bruchstückhaft erzählt und Agrippinas Blickwinkel durch die vielen männlichen Stimmen versperrt, die über sie berichten.

Die drei Frauenfiguren Zinaida, Ėllis und Agrippina entsprechen ebenfalls einem Typus: Es handelt sich um dämonische Femmes fatales, welche die Protagonisten durch ihre Schönheit und erotische Reize betören, anlocken und betäuben, um diese sodann auszubeuten und auszusaugen. Zunächst betört dieser Typus Frau den Protagonisten durch seine angenehme Erscheinung, um sich sodann als teuflicher Dämon zu erweisen. Im Falle von Zinaida wird diese durch die Augen des jugendlichen Vladimirs als eine durch kindliche Unschuld verschleierte, teuflische Bösartigkeit geschildert. Bei ihrer ersten Begegnung wird sie als reizende Erscheinung beschrieben, die durch die Farben rosa und weiß als kindlich-unschuldig markiert wird. Gleichzeitig wird sie ungesäumt als bösartig dargestellt, da sie umringt von ihren Verehrern ein Spiel spielt, bei dem sie ihnen mit Knallblumen auf die Stirn schlägt, was bereits ihr überlegen-erniedrigendes Verhältnis zu ihren Verehrern aufzeigt (PL, 204). Vladimir Petrovič scheint von dieser von ihm so dargestellten Mischung aus Unschuld und Bösartigkeit besonders angezogen, denn bereits während dieser ersten Begegnung schildert er sein Bildnis Zinaidas als faszinierende Verführerin:

> „Молодые люди так охотно подставляли свои лбы – а в движеннях девушки […] было что-то такое очаровательное, повелительное, ласкающее, насмешливое и милое, что я чуть не вскрикнул от удивления и удовольствия и, кажется, тут же бы отдал все на свете, чтобы только и меня эти прулестные пальчики хлопнули по лбу" (PL, 204).
>
> [dt.: „Die jungen Leute streckten so willfährig ihre Stirn vor, und in den Bewegungen des jungen Mädchens […] lag etwas so Bezauberndes, Gebieterisches und doch dabei Einschmeichelndes, Scherzendes und Liebliches, daß ich vor Erstaunen und Entzücken beinah aufgeschrien hätte und, glaube ich, auf der Stelle

alles in der Welt würde hingegeben haben, wenn diese reizenden Fingerchen auch mich auf die Stirn geschlagen hätten." (DEPL, 77)]

In dieser Darstellung Zinaidas erschließt sich dem Leser das erwachende Verlangen Vladimir Petrovičs, welches sich stark auf die Synthese von Liebreiz und Sadismus richtet. Es handelt sich hier nicht um ein authentisches Bild einer weiblichen Person, sondern um den Ausdruck von erotischen Wünschen und Sehnsüchten des männlichen Erzählers. Die Darstellung erfolgt gänzlich aus dieser männlichen Sicht, in der Zinaida hier die Rolle einer Projektionsfläche des erotischen Begehrens erfüllt, das gerade in Vladimir Petrovič erwacht. Sie reduziert Zinaida auf ein Stereotyp der Femme fatale und dient gleichsam der Einbindung und Rechtfertigung des erotischen Masochismus des Erzählers. Nicht ohne Grund spricht Andrew von einer okularen Vergewaltigung in Bezug auf die Beschreibung von Zinaidas Körper. Bei der zweiten Begegnung bittet Zinaida den Helden, ihr beim Aufwickeln von Wolle zu helfen und „our intrepid hero manages to imbue this harmless vignette with the utmost sensuality and quite explicitly uses the occasion for another version of the `ocular rape´ so common in [...] the patriarchal tradition".[111] Dass sich der Heranwachsende insbesondere von der Verbindung aus lieblicher, unschuldiger Anmut und dominant-gebieterischer Gebärde angezogen fühlt, zeigt sich wiederholt in dieser Szene:

„Я воспользовался тем, что она не поднимала глаз, и принялся ее рассматривать, сперва украдкой, потом все смелее и смелее. Лицо ее показалось мне еще прелестнее, чем накануне: так все в нем было тонко, умно и мило. Она сидела спиной к окну, завешенному белой штопой; солнечный луч, пробиваясь сквозь эту штору, обливал мягким светом ее пушистые золотистые волосы, ее невинную шею, покатые плечи и нежную, спокойную грубь. Я глядел на нее – и как дорога и близка становилась она мне! [...] На ней было темненькое, уже поношенное платье с передником; я, кажется, охотно поласкал бы каждую складку этого платья и этого передника. Кончики ее ботинок выглядывали изпод ее платья: я бы с обожанием преклонился к этим ботинкам..." (PL, 208).

[dt.: „Ich benutzte den Umstand, daß sie den Blick gesenkt hielt, und betrachtete sie nun, anfangs verstohlen, nachher aber dreister und dreister. Ihr Gesicht deuchte mir noch reizender als am Abend vorher: so fein, klug und lieblich sah es aus. Sie saß mit dem Rücken gegen das Fenster, an welchem die weiße Gardine herabgelassen war; ein Sonnenstrahl, der durch die Gardine drang, be-

---

[111] J. Andrew: *Women in Russian Literature*, S. 127.

leuchtete mit mildem Licht ihr dichtes, goldfarbenes Haar, ihren unschuldigen Hals, die runden Schultern und die zarte, ruhige Brust. - Ich war in Anschauen versunken – und wie teuer, wie traut wurde sie mir! [...] Sie hatte ein dunkles, schon abgetragenes Kleid und eine Schürze darauf gebunden: gern hätte ich jede Falte dieses Kleides, dieser Schürze geküßt. Die Spitzen ihrer Halbstiefel guckten unter ihrem Kleid hervor: ich wäre mit Vergnügen vor diesen Halbstiefeln niedergefallen." (DEPL, 82-83)].

Der Leser erfährt hier einiges über die erotischen Sehnsüchte Vladimirs. Dass er sie heimlich betrachtet, während er sich unbeobachtet fühlt, verdeutlicht den voyeuristischen Charakter seiner Blicke. Seine Neigung, sich einer unschuldig wirkenden, mädchenhaften Frau zu unterwerfen, die jedoch die Rolle einer Domina spielt, wird hier ebenfalls deutlich. Tatsächlich lässt sich das Verhältnis Zinaidas zu ihren männlichen Verehrern als eine Illustration erotischen Sado-Masochismus deuten. Die Szene, in der sie gemeinsam das Pfänderspiel spielen, macht dieses sehr deutlich: Während sich die Verehrer um Zinaida scharen, macht diese aus ihrer Lüsternheit, Wolllust und Verliebtheit ein Spiel, um ihre Verehrer zu verlachen. Wäre hier nicht erotische Neigung im Spiel, so würde dieses Pfänderspiel vor dem Hintergrund, dass sich hier erwachsene Männer, die in einigen Fällen doppelt so alt sind wie Zinaida (Nirmackij beispielsweise ist 40), auf eine erniedrigende Spielerei einlassen, außerordentlich grotesk anmuten. Bezeichnenderweise bekleiden diese Teilnehmer allesamt hochrangige Ämter oder ehrenhafte Berufe – Malevskij ist Graf, Lušin Doktor, Majdanov Poet, Nirmackij ehemaliger Kapitän und Belovsorov ist Husar. Dass sich diese gestandenen Männer in Zinaidas Anwesenheit wie kleine Kinder verhalten und sich völlig lächerlich machen (Nirmackij verkleidet sich beispielsweise als Bär und bekommt von den anderen Salzwasser zu trinken, vgl. PL, 215), dass sie sich selbst zu einer Gruppe Zirkuspferde machen, über die Zinaida Befehle erteilt und dass sie bereit sind, alle Würde fallen zu lassen, um auch nur die geringste Chance auf eine kurze Berührung oder gar einen Handkuss zu erhaschen, lässt sich sinnvoll vor dem Hintergrund erklären, dass es sich um das Ausleben erotischen Sado-Masochismus handelt, das dem Lustgewinn dient und dem die Beteiligten freiwillig beiwohnen. Dass dabei Freiwilligkeit im Spiel ist, erwähnt Vladimir Petrovič sehr deutlich: „Ее забавляло возбуждать в них то надежды, то опасения, вертеть ими по своей прихоти [...] – а они и не думали сопротивляться и охотно

покорялись ей" (PL, 220) [dt.: „Es machte ihr Vergnügen, bald Hoffnung, bald Befürchtung in ihnen zu erregen, nach ihren Launen mit ihnen umzuspringen [...] und es fiel niemandem ein, sich ihr zu widersetzen, jedermann unterwarf sich ihr gern." (DEPL, 98)]. Explizit von Lustgewinn ist auch aus dem Munde Lušins zu hören, welcher offen ausspricht, worum sich die Spiele der Gruppe drehen: „жертвовать собою сладко для иных" (PL, 244) [dt.: „für gewisse Leute ist es eine Lust, sich für andere zu opfern" (DEPL, 131)]. Vladimir ist offenbar einer dieser gewissen Menschen, da er keinen Hehl daraus macht, ihre Schläge zu genießen: „какой я почувствовал восторг, когда, зазевавшись получил от ней силмный и резкий удар по пальцам" (PL, 215) [dt.: „von welchem Entzücken ward ich erfüllt, als ich, in einem Moment von Unachtsamkeit, von ihr einen heftigen und raschen Schlag auf die Finger bekam" (DEPL, 92)].
Die beschriebene Koppelung aus anmutiger Schönheit und dämonischen Zügen, welche den Protagonisten so sehr reizt, findet ihre Anwendung auch in *Prizraki*, in dem Ėllis dem Erzähler Wohlgefühl und Schrecken gleichermaßen einflößt:

> „След луны на полу начинает тихонько приподниматься, выпрямляется, слегка округляется сверху... Перед мной, сквозь как туман, неподвижно стоит белая женщина. [...] Я хочу вглядеться в черты таинственной женщины – вдруг невольно вздрагиваю: на меня пахнуло холодом" (PRZ, 5-6).
>
> [dt.: „Der Mondfleck am Boden fängt an sich allmählich aufzurichten, gerade zu stehen und sich nach oben abzurunden... Vor mir, durchsichtig wie ein Nebel, steht unbeweglich eine weiße weibliche Gestalt. [...] Ich will mir die Gesichtszüge des geheimnisvollen Wesens näher betrachten – da schaudere ich unwillkürlich zusammen: es überläuft mich kalt." (DEPRZ, 142-143)].

Die weiße Farbe markiert hier die unschuldige und zugleich anmutige Erscheinung des Wesens und ist zudem ein Turgenevsches Zeichen des Weiblichen. Wie bereits in der Analyse von *Zatiš'e* gezeigt wurde, kann die weiße Farbe gänzlich zum Symbol des weiblichen Körpers werden, und alle analysierten weiblichen Figuren werden mit der Farbe Weiß assoziiert (Zinaida beispielsweise trägt bei der ersten Begegnung mit Vladimir ein weißes Kopftuch; in dem oben zitierten Bild ist es die weiße Gardine, welche den Hintergrund für ihren Körper liefert). Laut Koschmal deutet die weiße Farbe in *Prizraki* auf Realitätsferne und die Annäherung an märchenhafte

Welten.[112] Zunächst wird hier jedoch – wie im Falle von Mar'ja Pavlovna – die weiße Farbe zum Symbol für den Körper des weiblichen Wesens Ėllis. Dieser wiederum wird zum Zeichen des Fremdartigen und Mysteriösen. Wie bereits festgestellt wurde, wird im Spätwerk Turgenevs das Fremde stets zum Merkmal des Dämonischen, so auch im Falle von Ėllis: „Это была женщина с маленьким, нерусским лицом. Иссерабеловатое, полупрозрачное, с едва означенными тенями" (PRZ, 10) [dt.: „Es war ein weibliches Wesen mit kleinem, nicht russischem Gesicht. Weißgrau, halb durchsichtig, mit kaum merkbarer Schattierung" (DEPRZ, 148)]. Die Koppelung aus Weiblichkeit, weißer Farbe und Fremdheit ist hier klar ersichtlich. Das nicht-russische Äußere zusammen mit dem englischen Namen kennzeichnet Ėllis als fremd, bedrohlich und damit potentiell todbringend. Der Erzähler fühlt sich von Ėllis gleichermaßen angezogen wie abgestoßen. Obwohl er sich beim ersten Flug mit ihr in Satans Gewalt und in einer teuflischen Verblendung („во власти сатаны", „нечистой силы", PRZ, 8) glaubt, lässt er sich trotzdem von ihr weitertragen und bittet erneut darum, mitgenommen zu werden. Wie Zinaida ist auch Ėllis eine Gebieterin, die Befehle erteilt und uneingeschränkte Hingabe verlangt. Bezeichnend hierfür ist das Codewort, welches der Erzähler sagen muss, um Ėllis zum Fliegen zu bewegen: „[в]озьми меня" (PRZ, 8) [dt.: „Nimm mich hin!" (DEPRZ, 145)]. Ebenfalls vergleichbar ist die Tatsache, dass Ėllis, wie Zinaida, Schläge erteilt, wenn der Erzähler ihren Willen nicht befolgt. Als dieser auf der Reise nach Italien zu sehr von der singenden Frau angetan ist, wird Ėllis gar eifersüchtig und zornig und straft ihn mit einem elektrischen Schlag, um ihn zu Gehorsam zu bringen: „Все мое тело вздрогнуло от сильного толчка – точно я коснулся лейденской банки. Я оглянулся... Лицо Эллис сыло – при всей своей прозрачности – мрачно и грозно; в ее внезапно раскрывшихся глазах тускло горела злоба" (PRZ, 16) [dt.: „Da erzitterte mein ganzer Körper von einem heftigen, gleichsam elektrischen Schlag. Ich blickte mich um... Ellis' Gesicht war – trotz seiner Durchsichtigkeit – finster und drohend; in ihren plötzlich aufgeschlagenen Augen glomm das Feuer des Zorns..." (DEPRZ, 156)].

---

[112] W. Koschmal: *Vom Realismus zum Symbolismus*, S. 65-66.

Die am stärksten typisierte der Damen aus den drei Erzählungen stellt wohl Agrippina dar, da sie als Tote auf ein unbewegliches, lebloses Ölportrait reduziert bleibt, welches der Erzähler in der Wohnung Gus'kovs vorfindet. Wenngleich hier von einer Person nicht die Rede sein kann, wagt der Erzähler Rückschlüsse vom Äußeren Agrippinas auf ihren Charakter. Bei seiner Beschreibung des Portraits tritt ein sehr ähnlicher Typ Frau zu Tage, wie dieser auch in *Pervaja ljubov'* und *Prizraki* dargestellt wurde:

> „поясной масляный портрет красивой черноглазой женщины [...]. Портрет был плохо написан – но, наверное, очень схож: чем-то слишком жизненным и несомненным веяло от этого лица. Оно не глядело на зрителя, как бы отворачивалось то него и не улыбалось; в горбине узкого носа, в правильных, но плоских губах, в почти прямой черте густых сдвинутых бровей сказывался повелительный, надменный, вспыльчивый нрав. Не нужно было особого усилия, чтобы представить себе, как это лицо могло внезапно загораться страстию или гневом." (BRI, 87)
>
> [dt.: „es war ein Brustbild – einer schönen, schwarzäugigen Frau [...]. Das Bild war schlecht gemalt, aber sicherlich ähnlich, denn dieses Gesicht wirkte sehr lebendig und überzeugend. Es sah den Zuschauer nicht an, so als wandte es sich von ihm ab, lächelte auch nicht, und die schmale gebogene Nase, die regelmäßig geschwungenen, aber flachen Lippen und die beinahe gerade Linie der dichten Augenbrauen verrieten einen herrschsüchtigen, hochmütigen und jähzornigen Charakter. Man konnte sich leicht vorstellen, wie dieses Gesicht plötzlich in jäher Leidenschaft oder im Zorn entflammte." (DEBRI, 246-247)].

Auch hier findet sich eine Koppelung von Schönheit und dämonischer Bösartigkeit. Die Züge Agrippinas verraten den Hochmut und gebieterischen, dominanten Stolz einer Zinaida, sowie die Neigung zu jähzornigen Ausbrüchen einer Ėllis. Die Anziehung, welche Agrippina auf Gus'kov ausübt, wird hier nur angedeutet, indem der Leser von ihrer Schönheit erfährt und davon, wie sehr der Held durch seine Verliebtheit geblendet war. Diese blinde Liebe ist es, die Gus'kov dazu bringt, sich der herrschsüchtigen Agrippina zu unterwerfen und sadistische Spiele mit sich treiben zu lassen. In diesem Sadismus ähnelt sie wiederum Zinaida, die den Protagonisten in ähnlicher Art und Weise quält: „сказывают, помыкала же она им – бригадиром-то – зря; пешком из Москвы в деревню посылала, ей-богу – за оброком, значит" (BRI, 90) [dt.: „Ausgenutzt hat sie ihn, wie man sich erzählt, und auch unnütz gequält. Schickte ihn, den Brigadier, zu Fuß aus Moskau ins Dorf – Gott ist Zeuge - , damit er die Pachtgelder der Bauern hole." (DEBRI, 250)]. Dass es sich bei Gus'kov auch um eine Person mit der Neigung zu selbstquälerischen Handlungen handelt, legt seine Selbstauskunft nahe, in der er sich eingesteht, aus seinem Leiden Trost zu schöpfen: „и остается мне только сим горестным размышлением ублажать свое сердце, что, следовательно, и по смерти Агриппины Ивановны я страдаю за нее" (BRI, 94) [dt.: „Mein einziger Trost ist der Gedanke, daß ich nun nach Agrippina Iwanownas Tod für sie leide" (DEBRI, 255)]. Wie die Verehrer Zinaidas in *Pervaja ljubov'* nimmt Gus'kov in *Brigadir* die Torturen seiner Femme fatale bereitwillig an und schöpft daraus positive Gefühle.

Ein weiteres Charakteristikum des Typs der Femme fatale, wie er in den drei Erzählungen auftritt, ist die emotionale und/oder finanzielle Ausbeutung der Männer, welche dargestellt wird als räuberischer Vampirismus. Die Machtbasis dieses Verhältnisses liegt jedoch in allen drei Fällen bei der überlegenen Frau, der gegenüber sich die männlichen Figuren emotional unterlegen fühlen. Dadurch sind die Liebesgefühle der Helden Grundlage dieser vampiristischen Ausbeutung. Während die finanzielle Ausbeutung der Verehrer durch Zinaida in *Pervaja ljubov'* nur am Rande erwähnt wird, ist sie in *Brigadir* bereits eines der wesentlichen Merkmale, das die Beziehung zwischen Gus'kov und Agrippina konstituiert. Bei Zinaida hat die finanzielle Ausbeutung noch milden Charakter, indem sie sich von Belovzorov eine Katze bringen lässt, welche dieser mit militärischem Eifer übergibt, woraufhin sie die Katze mit Handküssen vergütet. Später lässt sie sich von ihm ein Pferd schenken und antwortet auf die Frage ihrer Mutter, wie sie dafür bezahlen möchte, mit Selbstverständlichkeit: „Беловзоров мне поверит" (PL, 230) [dt.: „Belowsorow legt für mich aus." (DEPL, 112)]. Was hier noch andeutungsweise gezeigt wird, wird zum Hauptsujet der Erzählung in *Brigadir*: Agrippina ist gänzlich Vampirin, indem sie Gus'kov bis zum Ruin ausbeutet, sodass er in Armut und Verelendung leben muss. Ganz offen wird sie dargestellt als habgierige Frau, welche ihn absichtlich ausnutzt, um sich an ihm zu bereichern: „пользоваться им – она пользовалась – «во всех частях» - и деньги, какие у него были, он все к ней тащил, как «муравей» " (BRI, 89) [dt.: „Sie nutzte ihn aber nach Strich und Faden aus. Wie eine `Ameise´ schleppte er sein ganzes Geld zu ihr." (DEBRI, 249)]. Ihre Habgier ist grenzenlos und kennt keine Gnade. Damit ist sie die Inkarnation der Vampirsfrau, die per se todbringend ist und ihr männliches Gegenüber aussaugt, bis von ihm nur noch eine leere, leblose Hülle übrig bleibt. Dieser Hülle begegnet der Erzähler als Resultat des Vampirismus. Was hier finanzielle, emotionale und physische Ausbeutung ist, wird in *Prizraki* auf eine rein physische Aussaugung durch ein Vampirwesen reduziert. Als solches wird Ėllis explizit bezeichnet, als sich der Erzähler die Frage stellt, welches Wesen sie war: „[п]ривидение, скитающаяся душа, злой дух, сильфида, вампир, накoнец?" (PRZ, 28) [dt.: „Ein Gespenst, eine umherirrende Seele, ein böser Geist, eine Sylphide, ein Vampir endlich?" (DEPRZ, 172)]. Der Vampirscharakter eröffnet sich dem Leser jedoch auch durch die Tatsache, dass sie dem Erzähler während der nächtlichen Ausflüge die Lebenskraft zu entziehen scheint. Während eines Fluges wird er gar besinnungslos und fühlt sich jeglicher Kraft beraubt (PRZ, 18). Als er sich am Folgetag bei seiner Haushälterin nach seinem Aussehen erkundigt, bestätigt diese ihm Blässe und Blutarmut: „С лица-то? Дай погляжу. Осунулся маленько. Да и бледен же ты, кормилец: вот как есть ни кровинки в лице" (PRZ, 19) [dt.: „Das Aussehen? Na, laß sehen. Etwas mitgenommen. Und auch bleich bist du, mein Wohltäter: nicht den kleinsten Blutstropfen im Gesicht." (DEPRZ, 160)]. Das Bild des Blutsaugers wird sogleich weiter gesponnen, als der Erzähler seine Angst vor der Gefahr, welche von Ėllis auszugehen scheint, äußert: „Это опасно. [...] А когда я летаю, мне все кажется, что его кто-то сосет или как будто из него что-то сочится. – вот как весной сок из березы, если воткнуть в нее топор. [...] Но если она пьет мою кровь? Это ужасно" (PRZ, 19) [dt.: "Das Ding ist gefährlich. [...] Und wenn ich fliege, scheint mir immer, als sauge jemand an ihm, als träufele etwas aus ihm hervor – ganz so, wie zur Frühlingszeit der Saft aus dem Birkenbaum sickert, wenn man eine Axt hineinschlägt. [...] Aber, wenn sie mir etwa das Blut aussaugt?" (DEPRZ, 160-161)]. Auch Seeley beobachtet den Charakter eines Blutsaugers: „There is something leech-like in her kisses; and as the intimacy proceeds, she appears to acquire substance and vitality while the narrator is gradually drained of colour and vigour".[113]

Diese Eigenschaft des Gefährlichen und Dämonischen teilen die drei Figuren. Das Dämonische als Teil des Figurentypus kann sich durch das La-

---

[113] F. F. Seeley: *Turgenev*, S. 257.

chen äußern. Koschmal stellt fest, dass das Lachen bei Turgenev stets in Korrelation mit dem Dämonischen steht.[114] So auch im Falle der beiden Figuren Zinaida und Ėllis. Als Zinaida Vladimir Petrovič das erste Mal sieht, ist ihr Blick von einem ironischen Lächeln begleitet (PL, 204), und als er vor Scheu davon läuft, ist dies „звонким, но не злым хохотаньем" (PL, 204) [dt.: „von lautem, aber nicht spöttischem Lachen begleitet" (DEPL, 77)]. Das Lachen als Zeichen des Bösen offenbart auch die dämonischen Züge Ėllis´, denn als er ihrer Aufforderung Folge leistet und sie bittet, ihn mitzunehmen, heißt es: „как таинственная фигура с каким-то внутренним смехом, от которого на миг задрожало ее лицо" (PRZ, 8) [dt.: „da neigte sich die Gestalt mit einem inneren Lachen, von welchem ihr Gesicht für einen Augenblick erzitterte, vor und streckte die Arme langsam aus" (DEPRZ, 145-146)]. Auch Agrippina lacht im Traum Gus'kovs, als dieser sie zu fangen versucht: „в прошлую ночь – вижу я – стоит она этак будто передо мной в полоборота и смеется" (BRI, 92) [dt.: „In der vorigen Nacht seh ich – sie steht da, schaut mich so von der Seite an und lacht" (DEBRI, 252)]. Dass es sich um gefährliche Frauen handelt, lässt sich auch an Raubtiervergleichen ersehen. Sowohl in *Pervaja ljubov'*, als auch in *Prizraki* wird die Beziehung zwischen dem Helden und seiner Heldin als Katz-und-Maus-Spiel bezeichnet („играла со мной, как кошка с мышью", PL, 222, und „она играет со мной, как кошка с мышью", PRZ, 19). In diesem Spiel geht die Bedrohung stets von der Frau aus, da diese eine unbekannte, geheimnisvolle und damit dämonische Macht besitzt, welcher der Held erliegt.[115] Der Vergleich mit dem Raubtier nimmt an späterer Stelle im Falle Zinaidas den einer Spinne ein, vor deren Netz Lušin den Helden zu warnen versucht: „А вся штука оттого, что не умеют вовремя расстаться, разорвать сети. Вот вы, кажется, выскочили благополучно. Смотрите же, не попадитесь опять" (PL, 245) [dt.: „alles das kommt nur davon, daß sie es nicht verstehen, zur rechten Zeit sich zu trennen, das Netz zu zerreißen. Sie scheinen glücklich aus ihm entschlüpft zu sein. Nehmen Sie sich in Acht, daß sie nicht wieder hineingeraten." (DEPL, 133)]. Zinaida kommt hier die Rolle der Sirene zu, welche die Männer in ihr Netz, und damit in ihren

---

[114] W. Koschmal: *Vom Realismus zum Symbolismus*, S.118-120.
[115] S. ebd., S. 154-155.

Untergang, lockt.[116] Das Bild des Raubtieres wird auch zur Darstellung Ėllis' genutzt: „Впереди уже чернели ракиты на плотине пруда, [...] – как вдруг сзади меня послышался тонкий свист быстро рассекаемого воздуха, и что-то разом обняло и подхватила меня снизу вверх: кобчик так подхватывает когтем, «чокает» перепела..." (PRZ, 19-20) [dt.: „Vor mir zeigten sich bereits die schwärzlichen Weidenbüsche [...] – als plötzlich hinter mir ein leises Geräusch wie von rasch durchschnittener Luft sich hören ließ und jemand mich auf einmal umfing und emporhob... Auf diese Weise `stößt´ oder packt der kleine Rotfalke die Wachtel..." (DEPRZ, 161)]. Ein Teufelssymbol ist auch die Schlange, mit der Ėllis' Blick verglichen wird: „в этих глазах что-то двигалось – медленным, безостановочным и зловещим движением свернувшейся и застывшей змеи, которую начинает отогревать солнце" (PRZ, 20) [dt.: „in diesen Augen regte sich etwas – mit der langsamen, stetigen und unheilverkündenden Bewegung einer erstarrten Schlange, die an den wärmenden Strahlen der Sonne wiederaufzuleben beginnt" (DEPRZ, 162)].

Hinter dem beschriebenen Stereotyp der vampirischen Femme fatale verschwinden die weiblichen Figuren in den drei Erzählungen. Weder ihre Gefühle und Gedanken noch ihre Version der Geschichte kommen zum Ausdruck. In *Pervaja ljubov'* ist Zinaida das Objekt der Begierde Vladimirs und erhält nicht die Möglichkeit, sich aus diesem Objektstatus zu befreien. Die Rolle, welche sie zu spielen hat, lässt keinen Raum für eine Persönlichkeit, die über eine erotische Projektionsfläche für den Erzähler hinausgeht. Die Frau, die gezeichnet wird, stellt damit ebenso ein Fantasieprodukt des Erzählers dar, wie dies auch für Ėllis gilt. In ihrem Fall verschwindet sämtliche Persönlichkeit hinter der Mystifizierung und Dämonisierung des Weiblichen. Das Weibliche wird entmenschlicht und zu einem Wunderwesen, das sämtlichen Subjektcharakter zugunsten eines Konglomerats aus Weiblichkeitsfantasien verliert. Zudem wird bis zum Ende nicht aufgelöst, ob es sich bei der Figur Ėllis um ein Fantasieprodukt des Erzählers handelt, was die Annahme verstärkt, dass Ėllis als Kreatur des Traumes den Status einer realistischen Figur mit authentischen Gefühlen verwirkt hat (obwohl sie, wie bereits gezeigt wurde, zu menschlichen Gefühlen durchaus fähig ist, denn

---

[116] J. Andrew: *Women in Russian Literature*, S. 134.

sonst würde sie nicht in Eifersucht entbrennen, als der Erzähler sich zu lange an der singenden Frau in Italien ergötzt. Keiner Menschlichkeit mehr würdig erscheint ebenfalls die Figur der Agrippina in *Brigadir*, indem diese radikal auf das Stereotyp der habgierigen, ausbeutenden Femme fatale beschränkt bleibt, sodass in der Tat nicht mehr als ein starres Ölgemälde von ihr bleibt. Agrippinas Geschichte verschwindet gänzlich hinter der Geschichte des Erzählers, welche dieser 50 Jahre nach ihrem Tod berichtet und in der verschiedene männliche Stimmen die Geschichte ihres ehemaligen Partners Gus´kov erzählen. Von einer lebendigen Figur mit menschlichen Regungen bleibt nicht das Geringste.

Dementsprechend herrscht in Bezug auf die Geschichten aus der Sicht der Frauenfiguren Schweigen, in Bezug auf ihre Gefühle Starre. Zinaidas Geschichte ihrer ersten Liebesaffäre mit einem wesentlich älteren Mann wird ausgespart und wenn, dann nur durch sehr subtile Andeutungen sichtbar.[117] Diese erschließen sich dem Leser jedoch erst am Ende der Erzählung. Wenngleich Zinaida als eine Figur gezeichnet wird, die durchaus eine Stimme hat (anders als beispielsweise Agrippina), so offenbaren ihre Äußerungen dennoch ein Missverhältnis: so wortreich, offen, kokett und direkt sie in der Rolle der spielenden Domina auch sein mag, in Bezug auf ihr Inneres und ihre Gefühlswelt bleibt sie sprachlos. Wenn diese Gefühlswelt doch durchschimmern darf, so bleibt sie jedoch stets jeglicher Deutungsweise schuldig. Beispielsweise zeigt sie Vladimir Petrovič ihre Verzweiflung, gibt jedoch keinerlei Erklärung auf seine Frage nach der Ursache: „Зинаида мне не отвечала и только пожала плечами" (PL, 222) [dt.: „Sinaida gab mir keine Antwort, sondern zuckte nur mit den Achseln." (DEPL, 101-102)]. Dass es sich bei ihrer Verzweiflung vermutlich um Liebeskummer, der auf die Affäre mit dem Vater zurückgeht, handelt, kann nur der wissende Leser ihrer Äußerung entnehmen: „Такие же глаза, - прибавила

---

[117] Bei Kluge ist von einer "Technik des indirekten Erzählens" die Rede, die den zentralen Konflikt in den Hintergrund des Geschehens verlegt, s. R.-D. Kluge: : *Iwan Turgenev – Erste Liebe*, S. 66. Andrew liefert eine hervorragende Analyse über die Aussparung der Geschichte aus der Perspektive Zinaidas, in welcher er die Handlung in Bezug auf *Plot* (die dargestellte Handlung aus Sicht Vladimirs) und *Fabula* (die unterdrückte Handlung, welche auf der Darstellungsebene nicht sichtbar wird, welche jedoch die Geschichte Zinaidas mit beinhaltet) unterscheidet, s. J. Andrew: *Women in Russian Literature*, S. 122-126.

она, задумалась и закрыла лицо руками" (PL, 222) [dt.: „`[...] Dieselben Augen´, setzte sie hinzu, wurde nachdenklich und bedeckte das Gesicht mit den Händen." (DEPL, 101)]. Diese Nachdenklichkeit und das Schweigen werden darüberhinaus zum Zeichen der verborgenen Geschichte. Bei einem Besuch Vladimirs bei den Sasekins, welche der Vater kurz zuvor ebenfalls aufsuchte, erscheint Zinaida nur kurz: „Дверь из соседней комнаты чуть-чуть отварилась – и в отверстии показалось лицо Зинаиды – бледное, задумчивое, с небрежно откинутыми назад волосами: она посмотрела на меня большими холодными глазами и тихо закрыла дверь" (PL, 219) [dt.: „Die Tür des Nebenzimmers wurde ein wenig geöffnets und in der Spalte Sinaidas Gesicht sichtbar – bleich, nachdenklich, mit nachlässig zurückgeworfenem Haar: sie sah mich mit großen, kalten Augen an und verschwand wieder, die Türe leise hinter sich schließend." (DEPL, 97)]. Die Affäre scheint hier durch Abwesenheit erst präsent zu sein. Obwohl das gesamte Verhältnis zwischen Zinaida und dem Vater ausgespart bleibt, verraten subtile Hinweise erst das Geschehen im Hintergrund. Symbol dieses Geschehens ist das Schweigen, das es umgibt. Nicht ohne Grund bemerkt Vladimir die Stille, welche in der Nacht herrscht, in der der Vater den Betrug an seiner Frau vollzieht: „Как нарочно, нигде не было слышно малейшего шума; все покоилось; даже собака наша спала, свернувшись в клубочек у калитки" (PL, 239) [dt.: „Wie absichtlich ließ sich nirgends das geringste Geräusch hören: alles war in Ruhe versunken; selbst unser Hofhund schlief, zusammengerollt, bei dem Torpförtchen." (DEPL, 125)]. Diese geradezu donnernde Stille ist ein für Turgenev typisches Mittel der Darstellung:

> „In Turgenev´s fiction, silence speaks volumes. Frequent telling moments of silence punctuate virtually every serious conversation and reign over many decisive turns of events. Revelations, betrayals, seductions, even suicides take place in Turgenev´s fictional world not noticeably and noisily, but wordlessly, soundlessly".[118]

Ebenfalls charakteristisch für die Prosa Turgenevs ist der Verweis auf die Literatur als Ausdruck von Gefühlen der Figuren. Wie dies bereits bei der Kategorie der starken Frauen gezeigt wurde, wird häufig Poesie genutzt, um in Form der Rezitation anstelle einer Gefühlsäußerung zu treten. Dieses

---

[118] E. C. Allen: *Beyond Realism*, S. 100.

Mittel findet auch in *Pervaja ljubov'* seine Anwendung. Erst als sich Zinaida von Vladimir Petrovič Puškins *Na cholmach Gruzii* [dt.: Auf Grusiens Hügeln] rezitieren lässt, darauf die letzte Zeile „ [ч]то не любит оно не может" (PL, 223) [dt.: „[w]eil's ihm unmöglich, *nicht* zu lieben" (DEPL, 102)] wiederholt und sodann schweigt, kommt Vladimir in den Sinn, dass sie verliebt sein könnte. Dergleichen findet sich bei der Schilderung eines Bildes, das Zinaida beschreibt als das, was sie dichten würde, wäre sie Poetin. Sie beschreibt eine Bootsfahrt einer Gruppe Mädchen: „целое общество молодых девушек, ночью, в большой лодке – на тихой реке. Луна светит, а они все в белом и в венках из белых цветов, и поют, знаете, что-нибудь вроде гимна" (PL, 225) [dt.: „eine ganze Gesellschaft junger Mädchen, bei Nachtzeit, in einem großen Boot – auf einem ruhigen Strom [...]. Es scheint der Mond, alle haben weiße Gewänder an und Kränze aus weißen Blumen auf dem Kopf, sie singen etwas in der Art einer Hymne" (DEPL, 106)]. Vladimir deutet dieses Szenario als Zeichen von Zinaidas Fähigkeit zu lieben.[119] Tatsächlich handelt es sich bei der Impression der weißen Mondfrauen um eine Ansammlung von Turgenevschen Weiblichkeitssymbolen (wieder das weiße Kleid, Mond und Wasser als archetypisches Zeichen der Weiblichkeit sowie Blumen und Gesang), die Zinaida sehr deutlich in Verbindung zu anderen Frauenfiguren wie Mar'ja Pavlovna oder Ėllis setzen. Auch die Affäre mit Vladimirs Vater wird anhand von intertextuellen Bezügen enthüllt. Wenn Zinaida bei einem Fiktionsspiel die Skizze einer Königin entwirft, die in Luxus lebt und einen prachtvollen Ball veranstaltet, sich insgeheim jedoch nach draußen zu ihrem eigentlichen Liebhaber wünscht (PL, 234-236), so ist dies sehr offen als Spiegelung ihrer eigenen Situation zu verstehen. Dass dieser Liebhaber wesentlich älter als sie selbst ist, wird durch den Vergleich zu Cleopatra und Antonius verdeutlicht:

---

[119] Auch Kluge übernimmt diese Ansicht und deutet Zinaidas Kreation fiktiver Geschehnisse als Zeichen davon, dass sie bewusst und leidenschaftlich fühlt und liebt. Hier ist es nicht dämonische Triebhaftigkeit, sondern das Wissen um die Fähigkeit zu unverfälschter Liebe, s. R.-D. Kluge: *Iwan Turgenev – Erste Liebe*, S. 67-68.

> „ – На что похожи эти облака? – спросила Зинаида [...] – Я нахожу, что они похожи на те пурпуравые паруса, которые были на золотом корабле у Клеопатры, когда она ехала навстречу Антонию. [...].
> - А сколько лет было тогда Антонию? – спросила Зинаида.
> - Ух, наверное, был молодой человек, - заметил Малевский. [...]
> - Извините, - восгликнул Лушин, - ему было за сорок лет.
> - За сорок лет, - повторила Зинаида, взглянув на него быстрым взглядом" (PL, 226-227).
>
> [dt.: „'Womit sind jene Wolken zu vergleichen?' fragte Sinaida [...]. 'Ich finde, sie sind jenen purpurroten Segeln ähnlich, die auf dem goldenen Schiffe Kleopatras ausgespannt waren, als sie dem Antonius entgegenfuhr. [...]
> 'Wie alt mocht Antonius damals sein?' fragte Sinaida.
> 'Gewiß war er ein junger Mann', bemerkte Malewsky. [...]
> 'Bitte um Entschuldigung', rief Luschin, 'er war über vierzig Jahre alt.'
> 'Über vierzig', wiederholte Sinaida, indem sie rasch auf ihn blickte..." (DEPL, 108)].

Die Technik des Aussparens und Schweigens kommt auch in *Prizraki* zum Einsatz, jedoch dient sie hier nicht der Betonung dessen, was nicht gesagt wird, sondern hat die Funktion der Verschleierung und Mystifizierung des weiblichen Wesens Ėllis. Wann immer der Erzähler ihr Fragen über ihr Wesen oder ihre Herkunft stellt, erhält er einen Befehl oder Schweigen zur Antwort. Bei seiner ersten Frage, wer sie sei, erhält er die Antwort „Это я... я... я... Я пришла за тобой" (PRZ, 5) [dt.: „Das bin ich...ich...ich. Ich bin zu dir gekommen." (DEPRZ, 142)], aber keinerlei Auskünfte darüber, wer sie ist. Sobald der Erzähler einen Hinweis aufnimmt und Fragen stellt, bleibt Ėllis stumm:

> „ – Я вижу у тебя кольцо на пальце; ты, стало быть, жила на земле – ты была замужем?
> Я остановился... Ответа не было" (PRZ, 10).
>
> [dt.: „'Ich sehe einen Ring an deinem Finger; du hast also auf der Erde gelebt – bist verheiratet gewesen?'
> Ich hielt inne... Mir ward keine Antwort." (DEPRZ, 148)].

Der Erzähler erfährt stets nur Andeutungen über Ėllis, ihr wahres Wesen bleibt ihm bis zum Ende verwehrt. Als er ihr mitteilt, er sei des Fliegens überdrüssig, spricht sie in der dritten Person, was darauf hinweist, dass sie nicht das einzige Wesen ihrer Art ist, der Erzähler erhält jedoch auch hier keine Antwort auf seine Rückfrage:

„ – Что за удовольствие летать? Я не птица.

- Я думала, что тебе приятно будет. У нас другого занятия нет.

- У вас? Да кто вы такие?

Ответа не было.

- Ты не смеешь мне это сказать?

Жалобный звук, подобный тому, который разбудил меня в первую ночь, задрожал в моих ушах" (PRZ, 8).

[dt.: „`Ich habe das Fliegen satt. Ich bin ja kein Vogel.´
`Ich glaubte, es würde dir angenehm sein. Einen anderen Beruf haben wir nicht.´
`Ihr? Wer seid ihr denn?´ Keine Antwort. `Darfst du es mir etwa nicht sagen?´
Ein klagender Ton, gleich dem, der mich in jener ersten Nacht geweckt hat, erzitterte an meinem Ohr." (DEPRZ, 146)].

Das Wesen und die Geschichte Ėllis´ bleiben auch dem Leser während der gesamten Erzählung verwehrt. Ebenso verhält es sich im Falle von Agrippina. Die Figur existiert nur noch als Schatten und wird so sehr verschleiert, dass selbst ihr Vorname nicht klar ist. Gus'kov besteht darauf, sie Agrippina zu nennen, die anderen Figuren verweisen jedoch mit dem Name Agrafena auf sie. Hier zeigt sich, dass es nicht von Belang ist, wer sie war und was ihre Version der Geschichte ist, denn wichtig ist nur, dass vor vielen Jahren eine Frau lebte, die so bösartig war, dass sie den aufopfernden Gus'kov in den Ruin stürzte. Ihre Geschichte wird demnach auch nur bruchstückhaft erwähnt und gelangt über die Erzählungen der männlichen Figuren Narkiz, Gus'kov und Ogurec zum Erzähler, von diesem dann erst zum Leser. In diesen Berichten wird die Darstellung der Figur Agrippina stets daran gekoppelt, welchen (meist finanziellen) Verlust der opferbereite Held für sie hingenommen hat. Diese Koppelung greift selbst noch nach ihrem Tod, denn offenbar ist aus Ogurec´ Sicht wichtiger Teil der Geschichte, dass Gus'kov gar nach ihrem Tode noch ihr Grab bezahlt hat, denn er berichtet: „Они тут у нас в приходском кладбище похоронены; [...]. Василий Фомич каждую неделю беспременно к ним ходят. Да он же их и похоронил и ограду поставил на свой кошт" (BRI, 88) [dt.: „Sie ist auf dem hiesigen Gemeindefriedhof bestattet [...]. Einmal in der Woche geht

Wasilij Fomitsch hin. Er hat sie ja beerdigt und die Umzäunung aus eigener Tasche bezahlt" (DEBRI, 248)]. Die Geschichte Agrippinas ist in der Darstellung derer, die sie sich erzählen, immer die Geschichte von Gus'kovs Geld. In der Zusammenfassung der Geschehnisse, die Narkiz äußert, heißt es:

> „Он тогда же в нее влюбился [...]: человек он был одинокий, лет сорока, с состоянием. Муж ее вскоро умер. Она осталась после него бездетной, в бедности, в долгах... Василий Фомич узнал об ее положении, бросил службу [...] и отыскал свою любезную вдовушку, которой всего двадцать пятый год пошел, заплатил все ее долги, выкупил имение" (BRI, 89).
>
> [dt.: „Er verliebte sich sofort in sie. [...] Er war einsam, in den Vierzigern und besaß ein Vermögen. Agrafena Iwanownas Mann starb bald darauf und ließ seine kinderlose Witwe in Not und mit Schulden zurück... Wasilij Fomitsch erfuhr von ihrer schweren Lage, verließ den Dienst [...], suchte seine hübsche, fünfundzwanzigjährige Witwe auf, bezahlte ihre Schulden und die Hypotheken auf das Gut..." (DEBRI, 249)].

Es wird schnell deutlich, dass es sich eher um die Darstellung der Geschichte von Gus'kovs Vermögen handelt als um die Darstellung einer zwischenmenschlichen Beziehung mit zwei gleichwertigen Partnern. Gus'kov selbst liefert wohl noch das realistischste Bild seines Verhältnisses zu der Figur. In dem Traum, den er schildert, wird das Verhältnis der geldgierigen Femme fatale auf der Jagd nach dem Vermögen des sich aufopfernden Mannes umgekehrt, und er selbst wird zum Jäger, der die Unerreichbare zu erhaschen sucht: „часто во сне вижу – и никак я ее поймать не могу; все гоняюсь за нею – а не поймаю" (BRI, 91-92) [dt.: „ich sehe sie oft im Traum – und kann sie nicht fangen; stets jag ich hinter ihr her, erwisch sie aber nie" (DEBRI, 252)]. Tatsächlich hat Gus'kov einen gewissen Hang zum Jagen, denn nach ihrem Tod verschreibt er sich dem Fischfang und angelt häufig.. Auch Agrippina erscheint als Beute, die der Jäger Gus'kov nicht einzufangen vermochte und die dadurch zu einer Obsession wurde, die ihn sein ganzes Vermögen kostete. Denn offenbar scheute der vermögende Brigadier den Einsatz des Geldes als Köder für den wertvollsten aller Fänge nicht. Agrippina erscheint davon unbeeindruckt und weigert sich offenbar, sich kaufen zu lassen, denn wenngleich sie ihn liebt, verweigert sie ihm die Hochzeit und bewahrt sich damit ihre Unabhängigkeit: „С тех пор он уже с нею не расставался и кончил тем, что поселился у нее. Она тоже словно полюсила его, но выйти за него замуж не хотела" (BRI, 89) [dt.: „ Von da ab trennte er sich nicht mehr von ihr und zog schließlich zu ihr. Sie schien ihn ebenfalls zu lieben, weigerte sich jedoch, ihn zu heiraten" (DEBRI, 249)].

Die Aussparung und das Schweigen in Bezug auf die weibliche Version der Geschichte geht einher mit der Abbildung der Frauenfiguren als starre, unbewegliche und leblose Gestalten, die durch die mit Anmut verknüpfte Reglosigkeit einen skulpturartigen Charakter erhalten. Dies verleiht ihnen den Status von Halbtoten, welcher durch ihre Verbindung zum Vampirismus bestätigt wird. Im Laufe der Erzählung *Pervaja ljubov'* wird Zinaida wiederholt als bleich beschrieben: „Отчего она такая бледная?" (PL, 231, vgl. auch PL, 219) [dt.: „Warum ist sie so bleich?" (DEPL, 114)]. Mit anwachsender Verstrickung in das Verhältnis zu Vladimirs Vater verliert sie zunehmend an Lebenskraft. Nachdem Vladimir Petrovič sie bereits mit dem Vater gesehen hat, beobachtet er sie am Fenster: „оно отворилось, и в нем появилась Зинаида. На ней было белое платье – и сама она, ее лицо, плечи, руки – были бледны до белизны. Она долго осталась неподвижной и долго глядела неподвижно и прямо из-под сдвинутых бровей" (PL, 232) [dt.: „es öffnete sich, und Sinaida erschien. Sie hatte ein weißes Kleid an und war selbst, an Gesicht, Schultern, Armen – bleich wie Kreide. Sie stand lange regungslos da und blickte starr und gerade vor sich hin, unter den zusammengezogenen Brauen hervor." (DEPL, 115)]. Die Starre und die fahle Gesichtsfarbe werden hier zum Tod vor dem Tode. Dieser ist ein Prozess, der sich schleichend vollzieht. Als ihr Verhältnis offen liegt und Vladimirs Familie das Landhaus verlässt, wird sie noch bleicher und die Farbe ihres Kleides hat sich von weiß zu schwarz gewandelt: „Зинаида появилась из соседней комнаты, в черном платье, бледная, с развитыми волосами" (PL, 244) [dt.: „Sinaida kam aus dem Nebenzimmer, in schwarzem Kleid, bleich, mit aufgelöstem Haar" (DEPL, 131)]. Zinaida ist bereits hier dem Tode geweiht. Gleiches gilt für Ėllis in *Prizraki*: Sie wird als unbeweglich und starr gezeichnet („неподвижно стоит белая женщина", PRZ, 5; „белая фигура стояла неподвижно возле высокого куста", PRZ, 7). Die Starre ist bei Ėllis verknüpft mit Traurigkeit und damit auch Symbol der Verbindung mit dem Tod: „Опять она... опять таинственный призрак.

Неподвижные глаза на неподвижном лице – и взор исполнен печали" (PRZ, 6) [dt.: „Wieder die Gestalt... wieder das geheimnisvolle Wesen mit den starren Augen in dem starren Gesicht – und der Blick von Trauer erfüllt." (DEPRZ, 143)]. Diese Verknüpfung mit dem Tod wird kurz darauf offen erwähnt, indem sich der traurige Ausdruck in einen leblosen, totenstarren Blick verwandelt („взгляд их выражал [...] какое-то безжизненное внимание" und „она [...] все глядела на меня своим мертвенно-пристальным взглядом", PRZ, 7) [dt.: „es lag in seinem Ausdruck [...] eine leblose, traurige Gespanntheit" und „sie [...] hielt beständig ihren totenstarren Blick auf mich gerichtet" (DEPRZ, 145)]. In ihrer statuenhaften Reglosigkeit hat Èllis durchaus den Charakter eines Kunstwerkes. Nicht ohne Grund erinnert ihr Gesicht an Figuren auf Alabastervasen (PRZ, 10).[120] Zudem wird Èllis als Vampirwesen per se mit dem Tod assoziiert: Sie ist eine Schattengestalt, die mit der Nacht verbunden ist: „В Америку не могу. Там теперь день" (PRZ, 11) [dt.: „Nach Amerika kann ich nicht. Dort ist jetzt Tag." (DEPRZ, 150)] und sämtliche nächtlichen Ausflüge, die sie mit dem Erzähler unternimmt, führen an Orte, die von Verfall, Zersetzung und Zerrüttung geprägt sind. Als sie ihn beispielsweise zur Isle of Wight bringt, findet sich der Erzähler in einer Schreckenlandschaft: „что-то похожее на вопли, на далекие пушечные выстрелы, на колокольный звон – раздирающий визг и скрежет прибрежных голышей, внезапный крик невидимой чайки, на мутном небосклоне шаткий остов корабля – всюду смерть, смерть, и ужас..." (PRZ, 11) [dt.: „etwas wie Klagelaute, ferne Kanonenschüsse, Glockenläuten dringt – ohrenzerreißendes Knarren und Knirschen der Kiesel am Ufer, dazwischen der plötzliche Schrei einer unsichtbaren Möwe, am grauen Horizont das schwankende Gerippe eines Schiffes – überall Verwirrung, Schrecken und Tod..." (DEPRZ, 150)].

Starre kennzeichnet auch Agrippina in *Brigadir*. Einziges Relikt ihres einst lebendigen Daseins ist das Ölgemälde in der Wohnung Gus'kovs. Die Figur wird in ein starres Bildnis hinein getötet. Selbst als erstarrte Ikone bleibt ihr jegliches Zeichen des Lebens vergönnt. Sogar das Lachen ist ihr vergangen: Das Gesicht auf dem Bild ziert kein Lächeln (BRI, 87) und sie geht als

---

[120] Hier wird eine Verwandtschaft zu Vera aus *Faust* offensichtlich, da diese bei ihrem Tod ebenfalls mit einer Alabastervase verglichen wird. Zum Statuencharakter Èllis´ s. auch W. Koschmal: *Vom Realismus zum Symbolismus*, S. 62.

strenge, hochmütige und humorlose Gebieterin in die Annalen ein. In der Erzählung ist sie nicht mehr als eine Phantomfrau, die als Erinnerung nur im Traum Gus'kovs an Lebendigkeit gewinnen darf.

4.2.2 Sterben

Die drei Figuren sind deutlich der Sphäre des Dämonischen zugewiesen, und als Vampirwesen sind sie mit dem Prinzip des Bösen verknüpft. Die Erzählungen zeigen jeweils eine Verführung durch teuflische Weiblichkeit, die den Mann zum passiven Opfer des ihn ausbeutenden und aussaugenden Vampires macht und sodann unausweichlich zu seinem Untergang führt. Dass die Frau als Missetäterin dafür büßen muss, scheint in diesem Konstrukt eine vorhersehbare Konsequenz: „Läßt sich die Vampirin nicht [...] zähmen, muß sie hingerichtet: nach altem Brauch gepfählt, verbrannt, geköpft werden".[121] Der Fauxpas, welcher zu dieser Konsequenz führt, ist ihr teuflisches Wesen, das sich dem Helden durch seine Liebesgefühle, durch welche er ihr schutzlos ausgeliefert ist, offenbart. Tatsächlich attestieren die meisten Analysen Turgenevs eine Synthese von Liebe, Tod und Teufel und häufig wird die Äußerung des Vaters in *Pervaja ljubov'* als charakteristische Aussage für diese Verknüpfung genannt: „бойся женской любви, бойся этого счастья, этой отравы..." (PL, 248) [dt.: "traue nicht der Liebe eines Weibes, traue nicht diesem Glück, diesem Gift..." (DEPL, 137)]. Dies beobachtet auch Allen: „The father's words are well advised: love brings upheaval, agony, despair, and sometimes even death to almost all of the characters who experience it".[122] Liebe und Weiblichkeit sind somit teuflische Mächte, die die männlichen Figuren in den Untergang führen. Das Böse, welches dafür verantwortlich ist, ist in den weiblichen Figuren angelegt. Auch Koschmal beobachtet eine Reihe von strengen und stolzen Frauenfiguren, welche die geheimnisvolle, bedrohliche Welt Turgenevs konstituieren und dieser Eigenschaft eine dämonische Sinndimension zu-

---

[121] S. Volckmann: *„Gierig saugt sie seines Mundes Flammen"*, S. 167.
[122] E. C. Allen: *Beyond Realism*, S. 59. Auch Andrew zitiert diese Äußerung des Vaters, um die zerstörerische Kraft der Liebe zu verdeutlichen, s. J. Andrew: *Women in Russian Literature*, S. 135.

schreiben.[123] In diese Reihe ordnen sich Zinaida und Agrippina, die durch das Charakteristikum des Hochmutes dieser dämonischen Sphäre zugewiesen werden können. Zinaida wird von Vladmir Petrovič als kühl und hochmütig beschrieben: „Зинаида держала себя очень строго, почти надменно, настоящей княжной. На лице ее появилась холодная неподвижность и важность" (PL, 212) [dt.: „Sinaida [benahm sich] mit strengstem Anstand, ja fast hochmütig, wie eine echte Fürstentochter. Ihr Gesicht drückte eine kalte Gemessenheit und Würde aus." (DEPL, 88)]. Dies entspricht der Beschreibung von Agrippinas Portrait, in welcher ihr Herrschsucht und Hochmut attestiert werden. Die Kälte, die von diesen Figuren ausgeht, entstammt ebenfalls einer teuflischen Welt. Auch in *Prizraki* existiert dieses Kältemotiv, denn „как острый холодок вонзился мне в ухо ее шепот" (PRZ, 20) [dt.: „wie scharfe Kälte stach mich ihr Flüstern ins Ohr" (DEPRZ, 147)]. Das Böse in den Frauenfiguren tritt jedoch auch sehr viel offensichtlicher zu Tage. Der Sadismus Zinaidas legt eine teuflische Freude am Foltern und Quälen ihrer Verehrer offen. Einen Höhepunkt der Brutalität erfährt Lušin, den Zinaida mit Absicht mit einer Nadel sticht, um ihm Schmerz zu bereiten: „Она его уколола, и он точно начал смеяться... и она смеялась, запуская довольно глубоко булавку и заглядывая ему в глаза, которыми он напрасно бегал по сторонам" (PL, 220) [dt.: „Sie stach ihn mit der Nadel, und in der Tat lachte er dazu... sie lachte auch, indem sie die Nadel noch tiefer hineindrückte und ihm in die Augen blickte, die er vergebens abzuwenden bestrebt war..." (DEPL, 99)]. Der Vergleich der Nadel als tödlicher Stachel findet sich nicht nur in der Erzählung *Klara Milič* wieder, sondern auch in *Prizraki,* wo Ėllis' Kuss den Erzähler ebenfalls mit einem Stachel zu stechen scheint: „Ее лицо обернулось и придвинулось к моему лицу... Я почувствовал на губах моих какое-то странное ощущение, как бы прикосновение тонкого и мягкого жала" (PRZ, 10) [dt.: „Ihr Gesicht wandte sich um und näherte sich dem meinigen... Ich verspürte auf meinen Lippen eine sonderbare Empfindung, wie von der Berührung eines feinen, weichen Stachels." (DEPRZ, 149)].[124]

---

[123] S. W. Koschmal: *Vom Realismus zum Symbolismus,* S. 73-74.
[124] Zum Vergleich des tödlichen Stachels s. W. Koschmal: *Vom Realismus zum Symbolismus,* S. 117-118. In *Klara Milič* plagen Aratov Gedanken an das Leben

Dass es sich um einen dämonischen, tödlichen Stachel handelt, wird an späterer Stelle noch anhand eines Ungeziefervergleichs verdeutlicht: „как наглый язык, высунулся он наружу, этот голос; он кольнул меня; как жало гадины" (PRZ, 21) [dt.: „wie eine freche Zunge streckte sich diese Stimme vor; sie stach mich wie der Stachel eines ekelhaften Ungeziefers." (DEPRZ, 163)]. Es sind die weiblichen Figuren, welche mit diesem tödlichen Stachel ausgestattet sind, und sie nutzen ihn, um ihrem männlichen Opfer einen sanften Todesstoß zu verabreichen. Dies verdeutlicht ihre teuflisch-verführerische Position. Neben diesem Symbolnetz des Grauens, das die Frauenfiguren umgibt, existieren auch explizite Charakterisierungen. In Ellis´Augen blitzt Bosheit, als sie eifersüchtig wird (*злоба*, PRZ, 16). Insbesondere Agrippina wird als durchweg böse charakterisiert und auch so bezeichnet. In seinem Brief mit seiner Bitte um Geld zitiert Gus'kov Agrippina und gibt vor, sie habe sich selbst als böse Schlange benannt: „друг мой, я твоя змея и виновница всего твоего несчастия" (BRI, 92) [dt.: Mein Freund, ich bin dein böser Dämon [wörtlich: deine Schlange] gewesen und an deinem ganzen Unglück schuld!" (DEBRI, 253)]. Die Grausamkeit, welche die Zeitgenossen Zinaidas zu ertragen wissen müssen, übersteigt Agrippina noch um ein Vielfaches, da sie zur Todbringenden im wörtlichen Sinne wird, indem sie ihren Dienerjungen auf schreckliche und brutale Art ermordet und ihn heimlich beerdigen lässt (BRI, 89).

Das potentiell todbringende Böse in den drei Frauenfiguren birgt eine verführerische Gefahr für den männlichen Helden in sich. Geknüpft ist diese Macht an die erotischen Sehnsüchte des Protagonisten, sodass von Sexualität stets eine Bedrohung ausgeht. Bezeichnenderweise ist in den drei Erzählungen die weibliche Figur der Agens in der sexuellen Beziehung mit dem Protagonisten und zeichnet sich durch verführerisches Kokettieren aus. Der Held ist in dieser Beziehung gänzlich das passive Opfer aggressiver, weiblicher Sexualität, welcher er sich nicht zu erwehren weiß. In *Pervaja ljubov'* wird Zinaida bei ihrer ersten Begegnung allein mit Vladimir als forsche und selbstbewusste Frau gezeigt, welche ganz frech und dreist offen mit ihm kokettiert. Sie scheint um ihre weiblichen Reize zu wissen,

---

nach dem Tod und lassen ihn die Worte aussprechen: „Смерть, где жало твое?" (KM, 337) [Tod, wo ist dein Stachel?, T.J.].

denn in verführerischem Ton fordert sie Vladimir dazu auf, sie anzusehen: „Глядите на меня – отчего вы на меня не глядите? ` [...] мне это не неприятно... Мне ваше лицо нравится. [...]. А я вам нравилюсь?" (PL, 208) [dt.: „`Sehen Sie mich doch an, warum sehen Sie mich nicht an? [...] Lassen Sie Ihren Blick auf mir ruhen´, sagte sie mit gedämpfter, freundlicher Stimme, `ich habe es nicht ungern. Ihr Gesicht gefällt mir [...]. Und gefalle ich Ihnen?" (DEPL, 82)]. Großzügig geht sie auch mit Küssen um, indem sie gutes Verhalten ihrer Verehrer belohnt: Als ihr Belovzorov ein Kätzchen bringt, fordert er diese mit Selbstverständlichkeit ein.

> „ – За котенка – ручку, - проговорил гусар, осклабясь и передернув всем своим могучим телом, туго затянутым в новый мундир. - Обе, - возразила Зинаида и протянула к нему руки. Пока он целовал их, она смотрела на меня через плечо" (PL, 209-210)
>
> [dt.: „`Für das Kätzchen – das Händchen!´ sagte mit selbstgefälligem Lächeln der Husar, seinen mächtigen, fest in der Uniform eingeschnürten Oberkörper reckend. `Beide´, erwiderte Zinaida und streckte ihm ihre Hände entgegen. Während er diese küßte, blickte sie mich über die Schultern an." (DEPL, 84)].

An dieser Stelle übertritt sie zweifelsfrei die Grenzen der Sexualmoral, indem sie einen Handel mit Belovzorov eingeht, welcher der Prostitution gleichkommt. Während sie sich großzügig die Hände von Belovzorov küssen lässt, flirtet sie mit Vladimir, was eindeutig den Einsatz der Koketterie als Zahlungsmittel für das Kätzchen verrät. Auch gegenüber Vladimir ist Ziniaida großzügig im Verteilen von Küssen. Als dieser ohnmächtig wird, weil er auf ihren Befehl hin von einer Mauer springt, um ihr seine Liebe zu beweisen, küsst sie ihn („ее мягкие, свежие губы начали покрывать все мое лицо поцелуями... они коснулись моих губ...", PL, 228 [dt.: „ihre weichen, frischen Lippen begannen mein Gesicht mit Küssen zu bedecken... sie drückten sich an meine Lippen" (DEPL, 110)]), und auch Vladimir wird schließlich offener in seinen Forderungen nach Küssen: Als Zinaida ihn zu ihrem Pagen ernennt, fordert er einen Kuss als Zeichen ihrer Gewogenheit und erhält diesen ebenso widerspruchslos wie Belovzorov seinen Handkuss. Diese Art der betörenden, offenen Sexualität ist auch eine Verhaltensweise Éllis´ in *Prizraki*. Die Umarmungen Éllis´ werden wiederholt als gewaltsames Umschlingen geschildert: „Я хотел было отскочить; но я уже был в ее власти. Она обхватила меня, тело мое поднялось на пол-аршина от земли" (PRZ, 8) [dt.: „Ich wollte zurückspringen, befand mich aber bereits in ihrer Gewalt. Sie umschlang mich, mein Körper wurde eine Elle hoch über dem Boden entrückt" (DEPRZ, 146)]. An späterer Stelle empfindet der Erzähler die Berührung als einengend: „Я почувствовал ее щеку на моей щеке, кольцо ее руки вокруг моего тела" (PRZ, 20) [dt.: „Ich fühlte ihre Wange an der meinigen, ihr Arm hatte sich wie ein Ring um meinen Leib geschlungen" (DEPRZ, 161)]. Ebenfalls vermag Éllis ihren Helden in den Zustand der Besinnungslosikeit zu versetzen, wie dies auch im Falle Vladimirs geschildert wurde. Nach seiner ersten Besinnungslosigkeit nach der Begegnung mit den Piraten auf der Volga erfolgt noch eine weitere Betäubung des Erzählers in *Prizraki*: „Эллис накинула мне на голову конец своего длинного висячего рукава. Меня тотчас какая-то белая мкла с снотворным запахом мака. Все исчезло разом: всякий свет, всякий звук – и самое почти сознание" (PRZ, 20) [dt.: „Ellis warf mir das Ende ihres lang herabhängenden Ärmels über den Kopf. Mich umfing sofort ein eigentümlicher weißer Dunst vom einschläfernden Geruch des Mohnes. Alles war auf einmal verschwunden: Licht, Schall - ja fast das Bewusstsein." (DEPRZ, 162)]. Der Betäubung des Erzählers in *Prizraki* und Vladimirs in *Pervaja ljubov'* entspricht der Verlust des klaren Verstandes Gus'kovs in *Brigadir*. Sie alle erleben einen Zustand der Betäubung und Umnebelung, der durch die verführerische Betörung der weiblichen Protagonistin herbei geführt wird. Wenngleich die Darstellung Agrippinas von Aussparungen geprägt ist, so drängt sich doch ebenjenes Bild des Verhältnisses auf: Von Gus'kov heißt es, er habe sich sofort in sie verliebt und mehrfach ist davon die Rede, dass sie eine attraktive, junge Frau war. Diese Beschreibung, sowie die Tatsache, dass Agrippina zum Zeitpunkt ihrer Beziehung bereits verwitwet war, evozieren auf sehr subtile Art eine sexuelle Beziehung, die demselben Muster folgt wie jene in den beiden anderen Erzählungen. Auch hier handelt es sich um das bereits beschriebene Turgenevsche Mittel der Aussparung zum Ausdruck zwischenmenschlicher Verbindungen. Sexualität bedeutet für den männlichen Helden in dieser Konstellation immer einen Kontrollverlust und damit unabwendbares Chaos und Gefahr. Die weibliche Figur wird hier zum Zeichen des Erotisch-Chaotischen, das eine für den Helden unbeherrschbare Macht ist, der er schutzlos ausgeliefert ist und sich widerstandslos fügen muss. Durch den Tod dieser

Figur wir diese Macht bezwungen, sodass für den Helden wieder Sicherheit und Ordnung herrschen. Sie stirbt den Tod der Sünderin, die getötet werden muss, um für ihren Verstoß gegen die herrschende Norm bestraft zu werden und um die Welt von Verfall und Chaos zu erlösen. Erst durch ihren Tod ist die symbolische Ordnung wieder hergestellt. Eine Rechtfertigung ihres Sterbens findet sich in der Figur selbst: als hochstilisierte, arglistige und grausame Hexenfigur, die per se bösartig ist, hat sie den gerechten Tod verdient. Weil die Figur böse und schädlich war, ist ihr Tod folgerichtige Konsequenz des Geschehens. Die Gefahr, welche von den drei weiblichen Figuren ausgeht, ist in jedem Fall Niedergang und Zerstörung, sodass tatsächlich von todbringenden Vampirwesen die Rede sein kann. Der Erzähler in *Pervaja ljubov'* legt nahe, dass Zinaidas Brief der Auslöser für den tödlichen Schlaganfall des Vaters ist (PL, 248). Zinaida trägt die Schuld am Tod des Vaters und ist damit (ebenso wie durch ihre Schuldigkeit am Ehebruch des Vaters) die böse Teufelin, die sterben muss, um für ihre Sünden bestraft zu werden. Dies legt auch der Vergleich mit der alten Frau am Ende der Erzählung nahe, bei dem Vladimir plötzlich das Bedürfnis verspürt, für sich, seinen Vater und Zinaida zu beten:

> „А между тем пока ее ветхое тело еще упорствовало, пока грудь еще мучительно вздымалась под налегшей на нее леденящей рукою, пока ее не покинули последние силы, - старушка все крестилась и все шептала: «Господи, отпусти мне грехи мои», - [...] И помню я, что тут, у одра этой бедной старушки, мне стало страшно за Зинаиду, и захотелось мне помолиться за нее, за отца - и за себя" (PL, 250).

> [dt.: „Solange die alten Glieder noch widerstanden, solange noch die Brust qualvoll unter der auf ihr lastenden eisigen Hand sich hob, solange noch die letzten Kräfte sie nicht verlassen hatten – hörte die Alte nicht auf, sich zu bekreuzigen und zu stammeln: `Herr, vergib mir meine Sünden!´ [...] Und dort, am Sterbelager der armen Alten, erinnere ich mich, wurde mir bange um Sinaida, und ich empfand das Bedürfnis, zu beten für sie, für meinen Vater und - für mich." (DEPL, 139)].

Die Beschreibung der sterbenden alten Frau am Ende der Erzählung dient der Gegenüberstellung von Tugend und Sünde: Die alte Frau stirbt den Tod einer Heiligen, „[п]окрытая лохмотьями, на жестких досках, с мешком под головою, она трудно и тяжело кончалась" (PL, 250) [dt.: „[v]on Lumpen bedeckt, auf hartem Bretterlager, mit einem Sack unter dem Kopf, verschied sie in Schmerzen und Pein" (DEPL, 139)], der dem erlösenden Tod

Christi gleichkommt (die Beschreibung von Lumpen, Brettern und Armut dienen hier auch als Christussymbol) und durch den die Schuld Zinaidas mit gesühnt wird. Es ist die unschuldige, tugendhafte alte Frau, welche um die Vergebung der Sünden bittet, die Vladimir an Zinaida denken lässt. Zinaida wird damit in einen direkten Zusammenhang mit der Sünde gebracht und es wird erneut deutlich, dass ihr Tod die Opferung einer Sünderin darstellt. Doch Zinaida wird nicht nur für den Tod des Vaters verantwortlich gemacht. Auch für Vladimir bedeutet die Begegnung mit ihr einen Tod: Wenngleich er mit dem Leben davon kommt, ist dennoch etwas in ihm gestorben. Nicht ohne Grund äußert er das Gefühl, dass etwas in ihm zu Grabe getragen wurde, nachdem er unwissentlich Zeuge der Affäre zwischen Zinaida und dem Vater wurde: „Оно заменилось тяжлым недоумением и какою-то еще небывалою грустью – точно во мне что-то" (PL, 240) [dt.: „Die gestrige Aufregung war verschwunden. Eine mir noch unbekannte Niedergeschlagenheit – als wenn etwas in mir zu Grabe getragen worden wäre – hatte sie ersetzt." (DEPL, 126)]. Tatsächlich ist in Vladimir etwas gestorben: Es ist die unschuldige Jugend, die er durch seine Begegnung mit Zinaida verliert: „Something in him *had* died – the blind innocence of youth, the beneficent ignorance of reality".[125] Dass Zinaida die Rolle der Sünderin annimmt und die als gerecht präsentierte Strafe willig erträgt, wird deutlich, als Vladimir sie das letzte Mal sieht und beobachtet, wie der Vater sie mit der Reitgerte schlägt. Das Masochismusmotiv erhält hier seine Vollendung, und das unterdrückte Geschehen wird schließlich restlos aufgeklärt. „The real secret that has been suppressed for the entire narrative is not merely that 'the one´, his successful rival in love, was his own father, but that the seemingly powerful 'queen´ is the perfect victim".[126] Zinaida ergibt sich hier ihrem eigenen Masochismus und enthüllt die unabwendbare Verknüpfung aus Liebe und Leid. Gleichzeitig zeigt sie, dass sie als Sünderin bereit ist, die Schuld des Tabubruchs der Affäre mit einem verheirateten, wesentlich älteren Familienvater auf sich zu nehmen und den Preis für ihre Liebe zu zahlen.

---

[125] E. C. Allen: *Beyond Realism*, S. 1.
[126] J. Andrew: *Women in Russian Literatur*, S. 125.

Wie Zinaida ist auch Ėllis in *Prizraki* verantwortlich für den nahenden Tod des Protagonisten. Bereits während der nächtlichen Ausflüge wird dieser blasser und schwächer und nach Ėllis' Tod verschlechtert sich sein Gesundheitszustand zunehmend. Höhepunkt ist jedoch die Begegnung mit einer Schreckensgestalt des Todes selbst. Beschrieben wird dieser als

„Что-то тяжелое, мрачное, изжелта-черное, пестрое, как брюхо ящерицы – не туча и не дым […] Это сила шла; та сила, которой нет сопротивления, которой все подвластно, которая без зрения, без образа, без смысла – все видит, все знает, и как хищная птица выбирает свои жертвы, как змея их давит и лижет своим мерзлым жалом " (PRZ, 26).

[dt.: „schwerfälliger, unheimlicher, schwarzgelber und gefleckter Gegenstand, dem Bauch einer Eidechse ähnlich – nicht Wolke, nicht Rauch […] Eine Macht war es, die uns hier entgegentrat, eine Macht, die keinen Widerstand kennt, der alles unterworfen ist, die, selbst blind, gestalt- und sinnlos – alles sieht, der alles bekannt ist und die wie ein Raubvogel ihre Opfer auswählt, wie eine Schlange diese erdrückt und mit ihrer frostigen Zunge begeifert." (DEPRZ, 170-171)].

Diese Darstellung verbindet Ėllis direkt mit dem Tod: der Bezug zu Wolke und Rauch verweisen auf das Nebelwesen Ėllis; ebenso wird das Kältemotiv wiederholt, das zuvor im Zusammenhang mit Ėllis' Blick oder Berührungen Verwendung fand. Zudem dienen diegleichen Tiervergleiche, die eingangs zur Beschreibung von Ėllis gebraucht wurden, nun der Skizzierung des Todes. Dieser scheint aus dem gleichen „Material" beschaffen zu sein wie das Frauenwesen Ėllis. Dass diese um seine äußere Erscheinung weiß, wird deutlich, als sie ihn beim Erblicken seiner Gestalt als den Tod erkennt:

„ – Эллис, что с тобой? – проговорил я наконец.

- Она... она.... – отвечала она с усилием, - она!

- Она? Кто она?

- Не называй ее, не называй, - торопливо пролепетала Эллис. – Надо спасаться, а то всему конец – и навсегда... Посмотри: вон там!" (PRZ, 26)

[dt.: „`Ellis, was ist dir?´ fragte ich sie endlich. `Er...Er...´ brachte sie mit Mühe hervor. `Er!

`Er? Wer ist Er?´

`Nenne ihn nicht, nenne ihn nicht´, stammelte Ellis hastig. `Rettung müssen wir suchen, sonst hat alles ein Ende – und für immer... Schau hin, dort!´" (DEPRZ, 170)].

Éllis entstammt somit der Sphäre des Todes und ihre Begegnung mit dem Erzähler ist eine Todesbotschaft, die ihn in die grausamen Schrecken des Todes einweist. Die Bestimmung der nächtlichen Begegnungen erweist sich als die Vorausdeutung des kommenden Todes des Erzählers, wodurch die Erzählung zu einer „monstruous vision of death"[127] wird. Wenngleich der Erzähler keine rationale Erklärung für seine Begegnung mit Éllis findet, so erscheint doch der Befund seines Arztes über seinen schlechten Gesundheitszustand, der von Blutarmut geprägt ist, als fundiert genug, um ihm den nahenden Tod zu attestieren: „Все тело сохнет. Лицо желтое, как у мертвеца. Доктор уверят, что у меня крови мало, называет мою болезнь греческим именем «анемей»" (PRZ, 28) [dt.: „ Ich werde zusehends magerer. Mein Gesicht ist gelb wie das eines Toten. Der Doktor versichert, ich litte an Blutarmut, nennt meine Krankheit mit einem griechischen Namen `Anämie´." (DEPRZ, 173)]. An dieser Art von Anämie scheint auch Gus'kov zu leiden, da dieser durch die Beziehung zu Aggripina jegliche Lebenskraft verliert. Während er vor der Begegnung mit ihr kräftiger Soldat war, wird ihm sämtliche Energie durch die Blutsaugerin entzogen, sodass er nach ihrem Tod auch dem Dahinsiechen geweiht ist und sein gebrochenes Herz ihn zu einer leblosen Hülle verkommen lässt: „Я хотя и жив – но в страдании души и сердца моего мертв; мертв, когда вспомню, чем был и что есть" (BRI, 94) [dt.: „Tot bin ich durch die Leiden meines Herzens und meiner Seele, obwohl mein Körper noch lebt, tot bin ich, wenn ich daran denke, was einst war und was aus mir geworden ist" (DEBRI, 255)].

Die drei Protagonistinnen sind somit allesamt Botinnen des Todes, da sie durch ihre Begegnung den Tod des Helden verursachen. Ihr eigener Tod stellt die Wiedergutmachung für dieses Sterben dar, die sich rechtfertigt durch die wesenhafte, absolute Bösartigkeit der Figuren. Neben dieser Wiederherstellung der gerechten Weltordnung durch Tötung der Sünderin wird durch den Tod der Heldin jedoch mehr noch gewonnen. Der Held gewinnt in allen Fällen eine substanzielle Erkenntnis, welche unmittelbar mit dem Lebenssinn in Verbindung steht. Vladimir Petrovič in *Pervaja ljubov'*

---

[127] F. F. Seeley: *Turgenev*, S. 258.

befindet sich zu Beginn seiner Erzählung in aufgeregter Erwartung der ersten Liebesgefühle:

> „Помнится, в то время образ женщины, призрак женской любви почти никогда не возникал определенными очертаниями в моем уме; но во всем, что я думал, во всем, что я ощущал, таилось полусознанное, стыдливое предчувствие чего-то нового, несказанно сладкого, женского" (PL, 203)
>
> [dt.: „Zu der Zeit, erinnere ich mich, tauchte vor meinen Sinnen fast niemals in bestimmten Zügen das Bild einer Frau, die Vorstellung weiblicher Liebe auf; dennoch lag in all meinem Denken und Empfinden ein halb unbewusstes, schamhaftes Vorgefühl von etwas Neuem, unsäglich süßem, Weiblichem..." (DEPL, 75)].

An dieser Stelle ist Vladimir halb Kind, halb Mann, und erst nach Zinaidas Tod ist er erwachsen. Ihr Tod dient dem Zwecke, Vladimir heranwachsen zu lassen und ihm seine kindlichen, naiven Vorstellungen von Leben und Liebe zu nehmen. Die warnenden Worte des Vaters kurz vor dessen Tod deuten auf diesen Wandel. Der Tod Zinaidas markiert in der Erzählung den letzten Schritt Vladimirs über die Schwelle des Erwachsenwerdens, denn erst die Begegnung mit dem Tod macht aus dem Kind einen vollständigen Mann. Mit dem Tod des Vaters wird der Platz des erwachsenen Mannes im Figurengefüge frei, und Vladimir kann nun in diese Rolle hineinwachsen, welche vollendet ist, sobald Zinaida ihn durch ihren Tod mit der Kenntnis um den Gang des Lebens ausstattet und vollends zum Manne macht. Es ist hier die Konfrontation mit dem eigenen Tod, die der Weisheit entspricht und Vladimir mit den Protagonisten der beiden anderen Erzählungen verbindet. Wie Allen treffend feststellt, endet die Erzählung Vladimirs mit dem Word *себя* als Akkusativ-Objekt, was ihn selbst damit zum sterblichen Objekt macht. „At that moment he sees death all too clearly and confronts his own mortality all too directly and objectively, for however accurate, such a vision of death, in constant sight, would destroy the ability to see anything else".[128] Diese Konfrontation mit dem Tod entspricht jener des Erzählers in *Prizraki*, wenngleich sie auf der Darstellungsebene nicht unterschiedlicher sein könnte. Ebenfalls eine interessante Interpretation der letzten Worte der Erzählung liefert Ripp: Der Grund für die Unterwerfung des Mannes dient als Strategie zur Sinnstiftung, welche ihn in das Netz aus Ablehnung und Be-

---

[128] E. C. Allen: *Beyond Realism*, p. 166.

lohnung Zinaidas einspannt und ihm dadurch einen Sinn verleiht. Mit Zinaidas eigener Unterwerfung zerfällt dieses Gerüst jedoch und beraubt Vladimir des Sinnes. Die Beschreibung der armseligen alten Frau als Gegenlicht zum Tod Zinaidas am Ende der Erzählung liefert vor diesem Hintergrund einen angemessenen Ausklang der Erzählung: „She is woman in her realistic aspect, shore of all magical powers that man would impute to her. The stark realization that man cannot rely on such a figure to invest him with meaning makes Volodia cry out the story´s last line".[129]

Abgesehen von diesem Erkenntnisgewinn entspricht der Tod der Heldin auch der Besitznahme ihres Körpers durch ihren Verehrer. Durch die Erzählperspektive, welche ausschließlich die Sicht des männlichen Helden aufzeigt, wird dies legitimiert, da dem Helden nun schließlich doch noch Gerechtigkeit zu widerfahren scheint. Diese Gerechtigkeit beschränkt sich jedoch auf die Position des männlichen Protagonisten. In *Pervaja ljubov'* ist es nicht nur die Geliebte Zinaida, welche als Strafe für die unerfüllte Liebe schließlich sterben muss, sondern auch Vladimirs Widersacher, sein eigener Vater, wird für seine Affäre mit dem Tod bestraft. Indem sein einziger ernsthafter Konkurrent aus dem Weg geräumt ist, muss auch die Geliebte selbst hinscheiden, denn nur so ist mit Sicherheit gewährleistet, dass kein anderer sie besitzen kann. Die Gefahren, welche von ihrem Körper ausgehen, sind damit gebannt. Der Held muss keine Destabilisierung der gewohnten Ordnung durch unkontrollierbare erotische Gefühle mehr fürchten. Die Geliebte ist reglos und rührt sich nicht mehr, nun ist sie es, die Wachs in seinen Händen ist (vgl. „а я в руках Зинаиды был как мягкий воск", PL, 219, dt.: und ich war in Zinaidas Händen wie weiches Wachs), da sie sich nun seiner nicht mehr entziehen kann. Dasselbe gilt im Falle von *Prizraki*. Es ist Ėllis´ Liebe, welche der Erzähler nach ihrem Tod einzig für sich allein beanspruchen kann. Mit ihrem Tod sind alle Ungewissheiten, die das Wesen Ėllis umgeben, ausgelöscht und dem Erzähler wird schließlich Sicherheit und Gewissheit gewährt. Aus der Erzählung selbst geht nicht hervor, ob der Erzähler Ėllis´ einziger Liebhaber ist, oder ob sie auch andere Personen heimsucht. Durch ihr Ableben wird jedoch sichergestellt, dass ihre Liebe einzig dem Erzähler gebühren wird, da diese nun in Stein gemeißelt,

---

[129] V. Ripp: *Turgenev´s Russia*, S. 185.

leblos und immerwährend bleibt. Ihr Tod ist die Garantie für den Erhalt und die Inbesitznahme dieser Liebe. Der männliche Held hat nun keine Sorge zu tragen, dass das Objekt seiner Begierde einem Kontrahenten in die Hände fallen könnte. Diese Vereinnahmung ist insbesondere in *Brigadir* ersichtlich, da sie hier deutlich gegen den Willen Agrippinas erfolgt. Zu Lebzeiten wollte diese Gus'kov nicht heiraten, sodass erst durch ihr Ableben eine völlige Aneigung ihrer möglich ist. Die Beschreibung seines Traums, in welchem er sie einfangen möchte, sowie seine vergeblichen und völlig unvernünftigen Bemühungen, sie durch sein Vermögen zu locken und zu kaufen, lassen sich durchaus als Versuch der Besitzergreifung deuten. Die Tatsache, dass Agrippinas Portrait an seiner Wand hängt, verdeutlicht ebenfalls den Willen, sie als starre, reglose Hülle in seinem Besitz zu wissen. Erst der Tod Agrippinas schafft die Voraussetzung für die Erfüllung der Wünsche Gus'kovs. Gänzlich erfüllt sind sie jedoch erst, wenn er selbst in den Tod geht. Dementsprechend lautet der letzte Satz der Erzählung: „Прах его приютился наконец возле праха того существа, которое он любил такой безграничной, почти бессмертной бюбовью" (BRI, 95) [dt.: „Der Staub seines Leichnams hatte neben den sterblichen Überresten jenes Wesens eine Heimstatt gefunden, dem er mit einer grenzenlosen, beinahe unsterblichen Liebe so leidenschaftlich zugetan war" (DEBRI, 256)].

4.2.3 Inszenierung des Todes

Eine offene Darstellung des Todes der Frauenfiguren findet sich lediglich in *Prizraki*, während Zinaidas und Agrippinas Sterben dem Leser verborgen bleibt und in der Erzählung nicht inszeniert wird. In *Pervaja ljubov'* glaubt Vladimir zunächst, er könne Zinaida noch einmal wiedersehen. Als er es jedoch schließlich wagt, nach ihr zu suchen, erfährt er, dass sie im Wochenbett zu Tode gekommen ist. Von ihrem Tod ist nur im Bericht des Hotelangestellten die Rede, da auch dieser Teil von Zinaidas Geschichte ausgespart bleibt. Das Bild, welches davon gezeichnet wird, existiert lediglich in Vladimirs Vorstellung: „Я это думал, я воображал себе эти дорогие черты, эти глаза, эти кудри – в тесном ящике, в сырой подземной тьме – тут же, недалеко от меня, пока еще живого, и может быть, в nescolʹkich šagach ot moego otca..." (PL, 249) [dt.: „Ich stellte mir ihre teuren Züge, ihre Augen, ihre Locken vor, die nun im engen Kasten lagen, im feuchten Grabesdunkel, dort, nicht weit von mir, der ich noch am Leben war, und vielleicht nur einige Schritte von meinem Vater entfernt..." (DEPL, 138)]. Diese Aussparung steht in markantem Kontrast zu der weitschweifigen Darstellung des qualvollen Todes der unbekannten Alten am Ende der Erzählung. Diese tritt hier an die Stelle einer detaillierten Abbildung von Zinaidas Tod, da dieser ebenso grausam zu schildern wäre und demnach dem Leser erspart werden soll. Obendrein ist es dieser auch offenbar nicht erwähnenswert, betrachtet man die Reaktion Vladimirs. Wieder durch das Zitat der Verse Puškins drückt er diesmal seine Teilnahmslosigkeit aus. Diese Unterrepräsentation des Ereignisses sowie die explizite Bagatellisierung des Todes zeigen sehr deutlich, dass dieser hier einzig dem Erkenntnisgewinn des heranwachsenden Vladimir dient, bei dem Zinaidas Teil der Geschichte eine untergeordnete Rolle spielt und gänzlich bedeutungslos ist. Der Femme fatale, die selbstverschuldet in den verdienten Tod geht, wird selbst im letzten ihrer Lebensmomente die Teilnahme an der Geschichte verwehrt. Ihre Daseinsberechtigung ist zurückzuführen auf ihre Funktion als Botin, welche dem Protagonisten die Kunde vom real existierenden Tod überbringen muss und nach Erfüllung dieser Funktion die Legitimation zu leben verwirkt hat. Gleiches gilt für Agrippina in *Brigadir*, die eine noch verschleiertere und reduziertere Figur als Zinaida darstellt. Wenngleich sie als Lebende in der Erzählung nicht erscheinen darf, wird ihr Tod zunächst nicht explizit erwähnt. Dass sie bereits verstorben ist, erfährt der Leser durch subtile Zeichen. So ist es das Betrachten ihres Portraits durch den Erzähler, das nahelegt, dass es sich um eine Verstorbene handelt. Dies wird unterstützt durch den Strauß verwelkter Blumen, welcher vor dem Portrait drapiert ist: „Под самым портретом, на небольшой тумбочке, стоял полузавядший букет простых полевых цветов в толстой стеклянной банке" (BRI, 87) [dt.: „unter dem Portrait stand auf einem Hocker ein Strauß fast verwelkter Feldblumen in einem dicken Einmachglas" (DEBRI, 247)]. Die Tatsache, dass Gus'kov die Blumen stets erneuert, zeigt sodann, dass Agrippina für ihn noch lebt und dass sein Besitzstreben nach ihr durch ihren Tod bisher kein Ende gefunden hat. Dies wiederum deutet auf eben jene Funktionalität der Figur Agrippina, die bereits für Zinaida beschrieben wurde. Für die Geschichte Gus'kovs ist es gleich, ob Agrippina lebt und seine Liebe verschmäht oder ob er durch den Tod von ihr getrennt ist. Auch hier erfüllt die Figur die Funktion, den Helden mit dem eigenen Tod zu konfrontieren. Das Wesen dieser Figur und ihre eigene Geschichte inklusive ihres Todes, dessen Ursache im Falle Agrippinas nichtmals Erwähnung findet, ist unwesentlich für die weitaus entscheidenderen Belange im Leben Gus'kovs. Für diese sowie für jene im Leben des Erzählers genügt die leere, tote Hülle einer Frau, der es nicht gebührt, mit Leben gefüllt zu werden, geschweige denn, dass ihrem Tod eine detaillierte Beschreibung zukäme.

Anders verhält es sich im Falle von Ėllis, da ihr Sterben durchaus ausführlich dargestellt wird. Kurz vor ihrem Tod verwandelt sich Ėllis in eine Frau aus Fleisch und Blut:

> „В двух шагах от меня недвижно лежала распростертая молодая женщина в белом платье, с разбросанными густыми волосами, с обнаженным плечом. Одна рука закинулась за голову, другая упала на грудь. Глаза были закрыти, и на стиснутых губах выступила легкая алая пена" (PRZ, 27).
>
> [dt.: „Zwei Schritte von mir lag bewegungslos eine junge Frau in weißem Kleid, mit aufgelöstem dichtem Haar und entblößter Schulter ausgestreckt da. Ein Arm war unter den Kopf zurückgeschlagen, der andere über die Brust gefallen; die Augenlider waren geschlossen, und auf den zusammengepressten Lippen zeigte sich rotgefärbter Schaum." (DEPRZ, 172)].

Im Augenblick des Todes verwandelt sich Ėllis zu glühendem Leben. Der Erzähler zeichnet ein hoch erotisches Bild von der Sterbenden, welches die Weiblichkeitssymbole des weißen Kleides und des dichten Haares beinhaltet. Auch hier zeigt sich wiederholt die Verwandtschaft zwischen Ėllis und Mar'ja Pavlovna, die an früherer Stelle bereits erwähnt wurde und sich hier auch auf die Darstellung des Todes auswirkt. Im Falle von Ėllis erhält der Prozess des Sterbens eine unverkennbare Koppelung an das Sexuelle, sodass hier die Verschmelzung von Eros und Thanatos offen zu Tage tritt:

> „Вдруг, медленно затрепетав, приподнялись широкие веки; темные, пронзительные глаза впились в меня – и в то же мгновенье в меня впились и губы, теплые, влажные, с кровяным запахом... мягкие руки крепко обвились вокруг моей шеи, горячая, полная грудь судорожно прижалась к моей

- Прощай! Прощай навек! – явственно произнес замиравший голос – и все исчезло" (PRZ, 27).

[dt.: „Da erzitterten plötzlich die breiten Augenlider, und langsam schlugen sie sich auf; dunkle, durchdringende Augen richteten sich bohrend auf mich – und in demselben Augenblick drückten sich warme, feuchte, blutdünstende Lippen an die meinigen, weiche Arme schlangen sich um meinen Hals, ein heißer, voller Busen schmiegte sich krampfhaft an den meinigen. `Lebe wohl! Lebe wohl auf ewig!´ sprach die ersterbende Stime – und alles verschwand." (DEPRZ, 172)].

Durch die erotische Vereinigung des Kusses wird der Augenblick des Todes zum Moment des gesteigerten Lebens. Während im Falle Mar'ja Pavlovnas eine Fetischisierung der Leiche zu beobachten war, handelt es sich bei Ėllis´ Tod um eine Fetischisierung des Sterbens. Ihr Sterben ist zugleich der Höhepunkt der Beziehung zwischen Ėllis und dem Erzähler. Lebendiger und heißblütiger könnte der Austausch zwischen ihnen nicht sein. Sie hat ihm sonach nichts mehr zu geben, denn sie hat ihm ihr Leben geschenkt. Es bleibt ein alter Mann, dem der eigene Tod bevorsteht. In dieser Hinsicht steht der Erzähler Vladimir aus *Pervaja ljubov'* am nächsten, da beide Figuren an der Schwelle eines Lebensabschnittes stehen, deren Überschreiten durch den Tod ihres weiblichen Gegenübers markiert wird. Die Tatsache, dass die Darstellung von Ėllis´ Tod sich merklich von jenen in *Pervaja ljubov'* und *Brigadir* unterscheidet, geht darauf zurück, dass Ėllis die positivste der drei Figuren ist und daher dem schönen, blumigen Tod einer Mar'ja Pavlovna gerecht wird.

4.3 Geopferte Nonkonformistinnen – Sofija und Susanna
4.3.1 Schweigen und Starre

Die Protagonisten in den beiden Erzählungen *Strannaja istorija* und *Nesčastnaja* sind eher unscheinbare Figuren in der Rolle des Beobachters der Schicksale der beiden Heldinnen. Beide beschreiben die Ereignisse, welche zum Tod der Heldin führen. Sie selbst stehen ihr nicht sonderlich nahe, sondern sind eher als Freunde ihrer Familie zu bezeichnen, die sich jedoch durch ein besonderes Interesse an der Heldin auszeichnen, das durchaus darauf zurückzuführen sein kann, dass es sich beim anonym bleibenden X. und Petr Gavrilovič um Junggesellen handelt. Sie beide treten in den Kreis der Familie der Heldin ein und werden von ihrem ungewöhnlichen Wesen angezogen. Wesentliches Merkmal der Erzählungen ist jedoch, dass aus der Position des Junggesellen gesprochen wird. Dass dieser sich durchaus auf Brautschau befindet, wird besonders in *Strannaja istorija* deutlich, als Sofijas Vater X. einen Besuch auf dem Adelsball nahelegt: „А впочем, послезавтра в дворянском собрании большой бал. Советую съездить: здесь не без красавиц" (STI, 161) [dt.: „Doch ist grade zufälligerweise für übermorgen ein großer Ball im Adelsclub angesagt. Ich rate Ihnen hinzugehen. An hübschen Damen fehlt es hier nicht" (DESTI, 344)]. Es ist somit davon auszugehen, dass X. grundsätzlich Interesse am anderen Geschlecht hegt, und wenngleich er behauptet „Оно меня не привлекало и не отталкивало" (STI, 161) [dt.: „sie zog mich weder an, noch stieß sie mich ab" (DESTI, 343)], zeugt die Aufmerksamkeit, die er Sofija schenkt von besonderem Interesse an ihrer Person. Offenbar weckt Sofija seine Neugier durch ihre aus seiner Sicht rätselhafte und merkwürdige Erscheinung, die er jedoch gleichzeitig als anziehend und reizvoll empfindet. Aus diesem Grund umgarnt er die Tochter seines Bekannten, welche jedoch diese Zuneigung offenbar nicht teilt. X. versucht sie jedoch diskret zu umwerben. Seine Faszination am Unbekannten veranlasst ihn zum Versuch, Sofija näher zu kommen: „Я пригласил ее на мазурку и постарался разговорить ее" (STI, 169) [dt.: „Ich engagierte sie auch zur Mazurka und bemühte mich, sie gesprächig zu machen" (DESTI, 354)]. Dass er sie für attraktiv hält, ist unverkennbar, denn er hält sie für die äußerlich ansprechendste der Damen auf dem Adelsball: „пальма первенства между ними непременно осталась бы за моей дамой" (STI, 169) [dt.: „Unter allen aber würde gewiß die zierliche Schönheit meiner Dame den Preis davon getragen haben." (DESTI, 354)]. Dass die Attraktion, die von ihr ausgeht erotischer Natur ist, wird bei seiner Beschreibung ihrer Bewegungen offensichtlich, welche einem *ocular rape* entspricht, wie dieser bereits durch Vladimir in *Pervaja ljubov'* beschrieben wurde. Diese beobachtet X. ebenfalls auf dem Adelsball:

> „Но сложена она была прелестно и двигалась грациозно, хоть и застенчиво. Когда она вальсировала и, немного перегнув назад свай стан, наклоняла тонкую шею к правому плечу, как сы желая отдалиться от своего танцора,

ничего более трогательно-молодого и чистого нельзя было себе представить" (STI, 169).

[dt.: „Ihre Gestalt war hinreißend schön, und nicht minder ihre schüchternen, graziösen Bewegungen. Wenn sie Walzer tanzte und dabei ihre Taille etwas nach hinten bog und den feinen Hals auf die rechte Schulter neigte, als ob sie sich von ihrem Tänzer etwas entfernen wollte, so konnte man sich nichts Reizenderes, nichts Jugendlich-Schöneres vorstellen." (DESTI, 354)].

Auch Petr Gavrilovič ist offenbar auf Brautschau, denn bei seinen ersten Erkundigungen über den Bekannten seines Freundes, Ratč, interessiert ihn insbesondere das Alter der ältesten Tochter, sowie die Frage, ob diese hübsch sei:

„ – У него есть дети?

- Есть. От немки трое и от первой жены сын и дочь.

- А сколько старшей дочери лет?

- Лет двадцать пять. [...]

- Хороша она собой?

- Как на чей вкус. Лицо замечательное, да и вся она... замечательная особа.

«Ага!» - подумал я. [...] «Надо будет познакомиться!» - решил я про себя" (NES, 100-101).

[dt.: ´Hat er Kinder?´

´Freilich, von seiner jetzigen Frau hat er drei Kinder und von der ersten einen Sohn und eine Tochter.´

´Wie alt ist die älteste Tochter?´

´Wohl fünfundzwanzig Jahre.´ [...]

´Ist sie hübsch?´

´Das ist Geschmackssache. Ihr Gesicht fällt auf, und sie selbst ... sie ist eine bemerkenswerte Persönlichkeit.´

Aha! dacht ich. [...] Ich will diese Bekanntschaft machen, entschied ich bei mir selbst." (DENES, 263)].

Es ist an dieser Stelle auch das angenehme Äußere und die merkwürdige Persönlichkeit, welche Petr Gavrilovičs Neugier und Interesse wecken. Dass er Susanna tatsächlich attraktiv findet, zeigt sich sodann beim ersten Besuch im Ratč'schen Hause, als er ihr zum ersten Mal begegnet:

„Я посмотрел на Фустова, как бы желая окончательно добиться от него, что заставляло его посещать подобных людей... но в эту минуту вошла в комнату девушка высокого роста в черном платье, та старшая дочь г.

Ратча, о которой упоминал Фустов... Я понял причину частых посещений моего прияеля" (NES, 102).

[dt.: „Ich warf einen Blick auf Fustow, um endlich von ihm zu erfahren, was ihn bewog, mit Menschen dieser Gattung Umgang zu pflegen... da trat ein hochgewachsenes junges Mädchen in einem schwarzen Kleid ins Zimmer, jene älteste Tochter des Herrn Ratsch, die Fustov erwähnt hatte... Jetzt waren mir die häufigen Besuche meines Freundes erklärlich." (DENES, 265)].

Der Junggeselle bemüht sich, ebenso wie X. auf dem Adelsball, ihr näher zu rücken und sie in ein Gespräch zu locken: „Я присоседился к Сусанне и, выждав первую минутную паузу, спросил ее, так же ли она любит музыку, как ее батюшка" (NES, 104) [dt.: „Ich rückte in die Nähe Susannas und fragte sie in der ersten Pause, ob sie die Musik ebenso liebe wie ihr Vater" (DENES, 267)]. Die Anziehung, welche Susanna auf Petr Gavrilovič ausübt, ist auch erotischer Art und lässt sich an der erotisch-wollüstigen Schilderung ihrer Erscheinung während des Klavierspiels ablesen:

„Мне пришлось сидеть сзади Сусанны, ее лица я не мог видеть; я видел только, как ее темные длинные волосы изредка прыгали и бились по плечами, как порывисто покачивался ее стан и как ее тонкие руки и обнаженные локти двигались быстро и несколько угловато" (NES, 110-111).

[dt.: „Zufällig saß ich hinter Susanna und konnte ihr Gesicht nicht sehen; nur ihre dunklen langen Haare sah ich ab und zu erbeben und die Schultern berühren; ihre schlanke Gestalt folgte zuweilen den Bewegungen ihrer feinen Hände und entblößten Ellenbogen, die so schnell und etwas eckig über die Tasten dahinglitten." (DENES, 276)].

Die Position, aus welcher die Geschichte erzählt wird, ist somit die des ledigen Mannes. Die Erzählsituation in beiden Erzählungen erscheint auf den ersten Blick leicht verschachtelt, da zwar ein allwissender Erzähler spricht, dieser jedoch so stark in den Hintergrund tritt, dass er nahezu unsichtbar ist. Dieser gibt die Ich-Erzählung des männlichen Protagonisten wieder. Im Falle von *Strannaja istorija* ist dieser gar lediglich zu Beginn der Erzählung zu vernehmen, sodass die Rahmenhandlung der Erzählung darauf reduziert wird, dass der Erzähler anwesend ist und die Geschichte des Herrn X. wiedergibt. Ob er diese ihm in schriftlicher Form vorliegt, oder ob er sie aus dem Gedächtnis rekapituliert, wird nicht spezifiziert. Dass jedoch ein Erzähler übergeordnet ist, wird im ersten Satz der Erzählung ersichtlich: „...Лет пятнадцать тому назад, - начал г-н X..., - обязанности службы заставили меня прожить несколько дней в гуверском городе Т..." (STI,

160) [dt.: „Vor ungefähr fünfzehn Jahren – so begann Herr X. – nötigten mich dienstliche Angelegenheiten, einige Tage in der Gouvernementshauptstadt T. zuzubringen." (DESTI, 342)]. Der zeitliche Abstand zwischen dem Erzählen und den Ereignissen bleibt durch die spezifische Erzählsituation undeutlich. Zwar nennt X. unmittelbar zu Beginn seiner Erzählung den zeitlichen Abstand von 15 Jahren für den ersten Teil der Geschehnisse (der zweite Teil der Ereignisse trägt sich zwei Jahre später erst zu, muss somit 13 Jahre zurückliegen), es wird jedoch nicht verdeutlicht, welche zeitliche Distanz zwischen der Erzählung von X. und der Wiedergabe durch die Erzählerfigur liegt, sodass schwer einzuschätzen ist, welche Verzerrungen der Ereignisse auf diese Zeitdifferenz zurückzuführen sind. Ähnliches gilt in Bezug auf die Erzählsituation in *Nesčastnaja*, welche ebenfalls einen allwissenden, jedoch kaum sichtbaren Erzähler die Erlebnisse Petr Gavrilovičs wiedergeben lässt. Zu Tage tritt dieser, ebenfalls im ersten Satz der Erzählung, in dem es heißt: „... Да, да, - начал Петр Гаврилович. – тяжелые то были дни..." (NES, 96) [dt.: „`Ja, ja´, begann Pjotr Gawrilowitsch, `das waren schwere Tage[...]´" (DENES, 257)]. Der Protagonist berichtet in einer Ich-Erzählung über seine Studienzeit und seine Begegnung mit Susanna. Zwar wird in *Nesčastnaja* eine genaue zeitliche Angabe (der Winter des Jahres 1835) der Ereignisse genannt, es wird jedoch keine Aussage darüber getroffen, nach welcher zeitlichen Distanz die Geschehnisse wiedergegeben werden, weder durch Petr Gavrilovič, noch durch den Erzähler. Eine weitere Analogie der beiden Erzählungen findet sich in der Komposition, welche in beiden Fällen dreigliedrig ist. In *Strannaja istorija* berichtet X. von den Ereignissen in T. vor 15 Jahren, sodann erfolgt eine kurze Episode, die 13 Jahre zurückliegt und welche sich auf ein Treffen X.s mit einem Kollegen beläuft, der von Susannas Flucht berichtet und schließlich erfolgt eine weitere Reise ins Nachbargouvernement von T. im selben Jahr. Der kurze Einschub des Berichts durch X.´ Kollegen zeugt von dem explizit männlichen Diskurs, in welchem Sofijas Geschichte angesiedelt ist. Es ist ein männlicher Erzähler, der den Bericht des männlichen Junggesellen X. wiedergibt, dieser wiederum trifft seinen männlichen Kollegen, der in Form des offenen Sexismus über Sofija spricht. In seiner chauvinistischen Rede über Sofijas Verschwinden, wundert sich der Kolle-

ge darüber, dass sie unauffindbar ist: „как в воду канула! Одной богатой невестой на свете меньше" (STI, 171) [dt.: „als ob sie ins Wasser gefallen wäre! Schade nur, dass es jetzt eine reiche Braut weniger auf der Erde gibt!" (DESTI, 357)]. Was durch die Figur X., dessen Position die eines Ledigen auf der Suche nach einer Ehefrau ist, bereits schon angedeutet wurde, wird hier noch verschärft: Sofija wird radikal reduziert auf ihre Rolle als potentielle Gattin. Als merkwürdiges Faktum ihres Verschwindens wird die Tatsache dargestellt, dass eine Flucht mit einem Geliebten abwegig ist:

> „Вот уже три месяца, как без вести пропала. И удивительно то, что никто не может сказать, с кем она сбежала. Представь, никакой догадки, ни малейшего подозрения! Она всем женихам отказывала. И поведения была самого скромного. У ж эти мне тихони да богомолки! [...] Главное, непостижимо то, что все губернские ловеласы налицо, все до единого" (STI, 171).
>
> [dt.: „Drei Monate schon ist sie spurlos verschwunden. Und was am merkwürdigsten ist: keinerlei Vermutung, nicht der kleinste Verdacht. Sie gab jedem Freier einen Korb und war in ihrem Betragen immer sehr bescheiden. Ja, so sind sie nun einmal alle, diese stillen Betschwestern! [...] Was aber die Sache noch unerklärlicher macht – alle dortigen Galane befinden sich an Ort und Stelle; kein einziger wird vermißt." (DESTI, 357)]

Dem Sprecher kommt an dieser Stelle keineswegs in den Sinn, dass es sich bei Sofija um einen Menschen handelt, der möglicherweise aus einer unfreien Situation flieht oder gar einem Verbrechen zum Opfer gefallen sein könnte, da er so sehr in seinen Vorstellungen von der Definition einer Frau als „dem Anderen", das sich ausnahmslos auf den Mann bezieht, gefangen ist, dass die einzig valide Erklärung das Durchbrennen mit einem Geliebten darstellt. Diese Illustration von Sofijas Flucht wird somit durch die einseitige Position erst zum Mysterium, denn hier tritt an die Stelle der Darstellung einer selbstbewussten Frau, die weiß, was sie will und tut und den Mut besitzt, ihrem eigenen Willen zu folgen, eine an Verleumdung grenzende Mystifizierung der Figur Sofija. Diese geht darauf zurück, dass es nicht im Rahmen der Vorstellungen derjenigen, die zu sprechen in der Lage sind, liegt, dass eine Frau ihre Handlungen an anderen Dingen als einem im Zentrum stehenden Mann ausrichten könnte.

Auch *Nesčastnaja* folgt diesem dreigliedrigen Aufbau, bei welchem die beiden Teile der Ich-Erzählung durch einen Perspektivenwechsel unterbrochen werden. Auch hier wird die Geschichte Susannas durch einen männlichen Erzähler, der den Bericht des männlichen Junggesellen Petr Gavrilovič erzählt, wiedergegeben. Der wesentliche Unterschied ist jedoch, dass der Protagonistin in Form ihrer schriftlichen Memoiren im zweiten Teil der Erzählung eine Stimme gegeben wird. Die Glaubhaftigkeit dieses autobiografischen Berichtes wurde von diversen Stimmen bezweifelt[130], und tatsächlich lässt sich in ihrer Schrift ein Widerspruch zwischen Susannas Bildungsstand und ihrem Schreibstil beobachten. Costlow stellt ferner fest, dass die Erzählstruktur in *Nesčastnaja* aufzeigt, wie der Typus des melancholischen Junggesellen dazu legitimiert wird, die russische Weiblichkeit zu enthüllen.[131] Es wird deutlich, dass es sich um die Erzählung einer Frau handelt, die von einem ausschließlich männlichen Diskurs umrahmt wird, denn wie bereits gezeigt wurde, sind die sprechenden Stimmen der Erzählung männlich. Susanna überreicht ihre Memoiren an Petr Gavrilovič mit den Worten: „прочтите, пошлите ему, сожгите, бросьте, делайте что хотите, как хотите..." (NES, 119) [dt.: „lesen Sie, schicken Sie es ihm, verbrennen Sie´s, werfen Sie es weg, machen Sie damit, was Sie wollen" (DENES, 288)]. Costlow stellt in ihrer Analyse eingängig fest, dass hier ein Konzept von weiblicher Autorschaft entworfen wird, welches Turgenevs Kunstauffassung entspricht:

> „The story is a woman´s narrative framed by male discourse. The woman´s story is delivered from oblivion and made readable by the narrator to whom she gives it; it is *he* who will tell the sorrow of woman. [...] The woman who has suffered gives her story to a man, and in his hands her *history* becomes his *art*".[132]

Was hier somit dargestellt wird, ist das Verhältnis zwischen männlicher und weiblicher Autorschaft. Dieses ist sichtbar hierarchisch organisiert: Zwar darf die weibliche Schrift existieren, sie ist jedoch auf einen männlichen Erzähler angewiesen, der die Geschichte ihres Leidens in die literarische Welt überführt. Susannas schriftlich niedergelegte Worte stehen zudem in starkem Kontrast zu ihrem Schweigen während der Erzählung Petr Gavrilovičs. Bereits bei ihrem ersten Auftritt in der Erzählung wird sie der Sphäre der Stille zugewiesen: „между окружавшим ее миром и ею было слишком мало общего; казалось, она сама втайне недоумевала и дивилась,

---

[130] S. P. Brang: *I. S. Turgenev*, S. 157.
[131] J. T. Costlow: *Speaking the Sorrow of Women*, S. 328.
[132] Ebd., S. 328-329.

каким образом она попала сюда" (NES, 102) [dt.: „sie hatte gar wenig gemein mit ihrer Umgebung, ja sie selbst schien sich im stillen zu wundern und zu fragen, wie sie hierhergraten sei" (DENES, 265)]. Es ist dieses Schweigen, welches Susanna von Kindheit an erlernt hat: Als sie mit neun Jahren erfährt, wer ihr Vater ist und dass sie ein uneheliches Kind ist, verpflichtet ihre Mutter sie bereits zum Schweigen: „Я поняла, что я должна была молчать, что моя мать у меня прощения просила!" (NES, 121) [dt.: „Ich begriff es wohl, daß ich schweigen müsse, daß meine Mutter mich um Verzeihung bitte!" (DENES, 290)]. Als ihr Vater sie nach dem Tode der Mutter verleugnet, vermag sie das Schweigen nicht zu brechen, wenngleich sie das Bedürfnis nach einem Aufschrei verspürt: „Я хотела было закричать ему: «Да ведь вы мой отец!», но я ничего не сказала и вышла" (NES, 124) [dt.: „Ich hätte aufschreien mögen: 'Du bist ja mein Vater!' – aber ich sagte nichts und entfernte mich." (DENES, 294)]. Bezeichnenderweise benutzt der Vater sie gerade als Vorleserin: sie wird gezwungen, Worte auszusprechen, die nicht ihre eigenen sind, während sie die Sehnsucht verspürt, offen reden zu können. Selbst wenn Susanna den Versuch unternimmt zu sprechen, versagt ihre Stimme, wie bei ihrem Besuch bei Petr Gavrilovič kurz vor ihrem Tod: „Она внезапно схватила мою руку своими застывшими пальцами, но голос изменил ей" (NES, 117) [dt.: „Sie ergriff rasch meine Hand mit erstarrten Fingern, aber die Stimme versagte ihr" (DENES, 284)]. So ist es nicht verwunderlich, dass sie noch als Tote den Anschein macht, als sei sie an einem Schrei erstickt: „Такое выражение, как будто она собралась крикнуть отчаянным криком, да так и замерла, не произнеся звука..." (NES, 148) [dt.: „Ein Ausdruck, als ob sie eben einen gellenden, verzweifelten Schrei habe ausstoßen wollen – und plötzlich gestorben sei, ohne sich durch diesen Schrei Luft gemacht zu haben." (DENES, 327)].[133] Das Schweigen ist ein Charakteristikum, das die beiden Figuren Susanna und Sofija verbindet. Auch Sofija wird unmittelbar bei ihrem ersten Auftreten in der Erzählung als Stumme gekennzeichnet: „Я вторично поклонился вошедшей девушке (она между тем молча опустилась на стул)" (STI, 161) [dt.: „Ich begrüßte die Eingetretene zum zweiten Mal (sie ließ sich unterdessen schweigend auf einen Stuhl nieder)"

---

[133] S. W. Koschmal: Vom *Realismus zum Symbolismus*, S. 77.

(DESTI, 343)]. Auch auf dem Adelsball gelingt es X. nicht, Sofija zum Sprechen zu bringen, wenngleich er ausdauernd darum bemüht ist, ein Gespräch mit ihr zu führen: „[Я] постарался разговорить ее. Но она отвечала мало и неохотно" (STI, 169) [dt.: „[Ich] bemühte mich, sie gesprächig zu machen. Sie gab aber selten Antwort und sprach überhaupt ungern" (DESTI, 354)]. Dieses Schweigen bricht Sofija ebenfalls bis zu ihrem Tod nicht: „умерла «молчальницей»" (STI, 176) [dt.: „sie starb bald, ohne ihr Schweigen gebrochen zu haben" (DESTI, 364)]. Über das Schweigen der Figuren hinaus werden diese auch durch andere Attribute als Halbtote zu Lebzeiten gekennzeichnet. Wie bereits bei anderen Frauenfiguren beobachtet, sind auch Sofija und Susanna durch Unbeweglichkeit und Starre gekennzeichnet. Sofija in *Strannaja istorija* wird schon durch ihre Gesichtszüge als statisch und unbewegt gezeigt: „Лицо у ней было [...] с маленькими приятными, но неподвижными чертами; голубые глазки, под высокими, тоже неподвижными, неровными бровями" (STI, 161) [dt.: „Ihr Gesicht war [...] rund, mit unbedeutenden aber angenehmen, jedoch unbeweglichen Zügen. Kleine, blaue Augen, die unter hohen, ebenfalls unbeweglichen Brauen ruhten" (DESTI, 343)]. Diese Unbeweglichkeit steigert sich in eine Starre, welche die Figur als steinern erscheinern lässt, denn während ihrer Unterhaltung mit X. auf dem Adelsball taucht das Bild der Frau aus Stein bereits auf: „Софи слушала, уронив на колени скрещенные руки с неподвижно лежавшим в них веером; она не играла им, она вообще не шевелила пальцами, и я чувствовал, что все мои слова отскакивали от нее, как от каменной статуи" (STI, 169) [dt.: „Sofja hörte, die um den Fächer gefalteten Hände im Schoß, unbeweglich zu. Sie spielte weder mit dem Fächer noch bewegte sie die Finger überhaupt, so daß ich fühlte, wie alle meine Worte von ihr zürückprallten wie von einer steinernen Wand." (DESTI, 355)]. Einen Superlativ erhält das Bild der Steinernen schließlich im Madonnenvergleich, durch welchen Sofija sich in die Liste der Frauenfiguren einreihen lässt, die einem Kunstwerk entsprechen: „Она подняла глаза к потолку. Своим детским лицом и этим выражением неподвижной задумчивости, тайного, постоянного изумления, она непоминала мне дорафаэлевских мадонн..." (STI, 170) [dt.: „Sie hob die Augen zur Decke auf. Dieses kindliche Gesicht mit dem

Ausdruck unerschütterlicher Nachdenklichkeit und geheimer, fortdauernder Verzückung brachte mir die vorraffaelischen Madonnen in Erinnerung..."(DESTI, 356)].[134] Gleiches gilt für Susanna in *Nesčastnaja*: Die Figur ist noch stärker von Starre und Unbeweglichkeit gekennzeichnet und wird bereits bei ihrem ersten Erscheinen explizit als Statue bezeichnet „«Что за статуя»?" (NES, 103) [dt.: „`Eine wahre Marmorstatue!'" (DENES, 266)]. Die Reglosigkeit der Figur steigert sich in eine Totenstarre, denn noch zu Lebzeiten scheint die Figur sämtlicher Lebensenergie beraubt: „Не забуду я вовек этой головы, этих неподвижных глаз с их глубоким и погасшим взором, этих темных рассыпанных волос на бледном стекле окна" (NES, 118) [dt.: „Mein Leben lang werde ich diesen Kopf nicht vergessen, diese unbeweglichen Augen mit ihrem tiefen, erloschenen Blick, diese wirren dunklen Haare, die von dem weißlichen Hintergrund des Fensters sich so grell abhoben" (DENES, 287)]. In *Nesčastnaja* gesellt sich zum Bild der Erstarrten ferner noch ein Kältemotiv, das den Eindruck einer Halbtoten verstärkt. Die Erzählung findet zunächst im Winter statt. Sowohl die Erzählung Petr Gavrilovičs trägt sich im Winter zu als auch in Susannas Memoiren wird das winterliche Wetter erwähnt, in dem Susanna von ihrer Kindheit berichtet: „Бывало, бежишь через двор, зимой, по глубокому снегу, в холодном платьице" (NES, 122) [dt.: „Es kam wohl vor, daß ich im Winter durch tiefen Schnee in einem leichten Kleid über den Hof lief" (DENES, 292)]. Das Motiv aus Kälte und dem dünnen Kleid findet seine Entsprechung sodann beim Besuch Susannas bei Petr Gavrilovič, indem sie auch hier wieder im dünnen Mantel durch den Schneesturm zu ihm flüchtet (NES, 116). Die Figur Susanna wird mit ihrem ersten Auftreten der frostigen Sphäre des Winters zugeordnet, denn von Beginn strahlt sie Kälte aus: „Еще заметил я, что вошедшая девушка внесла с собою струю легкого физического холода..." (NES, 103) [dt.: „Noch glaubte ich zu bemerken, dass mit dem Eintritt der Tochter vom Haus ein leichter Hauch physischer Kälte durch das Zimmer ging..." (DENES, 266)]. Eine kalte Umgebung kennzeichnet Susannas Familienleben, sodass es nicht verwunderlich ist, wenn sie sich bei ihrem Besuch bei Petr Gavrilovič an die kalten Fenster-

---

[134] Zu Unbeweglichkeit und Statuenhaftigkeit s. W. Koschmal: Vom *Realismus zum Symbolismus*, S. 58 ff. und S. 60.

scheiben lehnt, als würde sie dort Schutz suchen: „Она прижалась к промерзлому стеклу, точно она нашла себе гнездышко в углублении окна" (NES, 118) [dt.: „Sie drückte sich an die kalten Scheiben, als hätte sie in der Vertiefung des Fensters ein schützendes Nest für sich aufgefunden." (DENES, 286)]. Kälte und Starre lassen den Eindruck von Halbtoten entstehen, welcher bei beiden Frauenfiguren auch durch die Unfähigkeit zu lachen gekennzeichnet ist. Koschmal bestätigt dies, indem er das Nicht-Lachen der beiden Figuren als psychologisches Sterben deutet: „diesen Figuren läßt ihr persönliches Unglück, das sie in die Nähe eines kognitiv-psychischen oder gar physischen Todes rückt, das Lachen auf den Lippen ersterben".[135] Dieses erstorbene Lächeln hat sich deutlich in Sofijas Züge eingebrannt: „пухый ротик с приподнятой верхней губой не только не улыбался, но, казалось, не имел этой привычки вовсе" (STI, 161) [dt.: „Der kleine, weiche Mund mit den schwellenden Lippen lächelte nicht nur nicht, er schien an Lachen überhaupt nicht gewöhnt zu sein." (DESTI, 343)].

Die Darstellung als Halbtote ist Teil des Frauentypus der rätselhaften, mitleiderregenden Opferfigur. Sofijas Erscheinung spricht X.´ empfindsame Seite an, da sie sein Mitleid erregt: „Жалость... Да! Жалость возбуждала во мне эта молодая, серьезная, настороженная жизнь – бог ведает почему!" (STI, 161) [dt.: „Mitleid – ja, Mitleid war es, was dieses junge, ernste, empfindsame Wesen – Gott weiß warum - in mir hervorrief." (DESTI, 343)]. Auch Susanna ist mitleiderregend, jedoch wird sie durchweg zum Opfer, da ihr alles erdenklich Schreckliche widerfährt. Laut Brang ist Susanna der an Dostoevskij erinnernde Typus „des `erniedrigten und beleidigten´ Mädchens, welches, wie sich bereits im Titel ankündigt, von der sozialen Ungerechtigkeit, aber auch der Bosheit und Gleichgültigkeit ihrer Umgebung seelisch gebrochen wird".[136] Susanna ist die Leidgeplagte per se, da ihr jegliches Drangsal und Elend wiederfährt, das vorstellbar ist: sie ist verstoßenes Kind, ihr widerfährt physische und psychische Gewalt im Kreise der Familie, sie erlebt Psychoterror durch ihren Stiefvater Ratč, Misshandlung durch Semen Matveič, Mobbing durch Ratč und sexuelle Be-

---

[135] W. Koschmal: Vom *Realismus zum Symbolismus*, S. 122.
[136] P. Brang: *I. S. Turgenev*, S. 156.

drängung durch den Heiratsantrag ihres Onkels Semen, sowie Beleidigung und Gefangenschaft. Zudem sterben sämtliche Personen, die sie liebt, sodass sie noch zusätzlich die Trauer des Todes ihrer Mutter und ihres Geliebten Michail bewältigen muss. Diese Ansammlung von Leid wird in dieser Absolutheit zum Symbol der Leiden Christi, sodass bereits sehr schnell deutlich wird, dass die Figur Susanna dem Tode geweiht ist, da sie als Christusfigur den Märtyrertod sterben muss. Zwar versucht Susanna ihrem gequälten Dasein zu trotzen, sie wird jedoch stets zurückverwiesen auf ihren Platz in dem patriarchalen Familiengefüge, in welchem sie die Rolle der Verstoßenen einnimmt. Sobald sie den Versuch unternimmt, auszubrechen, bricht noch mehr Leid über sie herein: Ihre Bemühung durch eine heimliche Heirat mit ihrem Cousin Michail dem stiefväterlichen Gesetz zu entfliehen, folgen Folter und Tod des Geliebten. Die Befreiungsversuche aus dem Leid der Figur Susanna bringen somit nur mehr Qual und Pein mit sich, sodass sie sich als Ermahnung zu einer gesteigerten Demut lesen lassen. Sofijas übersteigerter Hang zur Demut in *Strannaja istorija* erscheint wie eine Antwort auf Susannas Trotz und stellt eine Anweisung zur Unterwürfigkeit dar: „Начало веры […] самоотвержение... уничижение. […] Вы вот упомянули о воле... ее-то и надо сломить" (STI, 170) [dt.: „ Die Grundlage des Glaubens […] ist Selbstverleugnung, Demut. […] Sie erwähnten den Willen... ihn lerne man beugen!" (DESTI, 355)]. Sie selbst wendet sich im Laufe der Erzählung einer radikalen Religiosität zu, die sich eben jener Demutsauffassung unterwirft.[137] Diese Steigerung erfährt ihren Höhepunkt, als X. Sofija als Dienerin des an Epilepsie erkrankten Vasilij nach zwei Jahren in einer Poststation wiedertrifft und sie auf Knien vor ihm beobachtet: „Перед ним, на земляном полу, стояла на коленях тщедушная женщина в старом, тоже мокром, мещанском шушуне с теным платком, надвинуеым на самые глаза" (STI, 173) [dt.: „Vor ihm auf dem Boden kniete eine abgemagerte Frau in einem ebenfalls durchnäßten Wams, das Gesicht bis an die Augen von einem dunklen Tüchelchen verhüllt." (DESTI, 359)]. Sofijas ins Radikale gesteigerte Demut und Askese treten hier offen zu Tage. Insbesondere die Abmagerung und Durchnässung werden zum

---

[137] Zu Glaube und Religiosität bei Turgenev s. Г. А. Тиме: К вопросу о вере и религиозности в творчестве И. С. Тургенева, zu *Strannaja istorija* insb. S. 194-195.

Zeichen christlicher Bescheidenheit, wodurch auch die Figur Sofija das Christusmotiv in sich trägt.

Teil des Typus der Opferfigur ist eine ihr anhaftende Rätselhaftigkeit und Unergründlichkeit. Insbesondere gilt dies für die Figur Sofija in *Strannaja istorija*. Bereits bei der ersten Begegnung mit Sofija reduziert X. diese auf den Typus der Rätselhaften: „Общее вречатление, производимое этой девушкой, было не то чтобы болезненное, но загадочное" (STI, 161) [dt.: „Der ganze Eindruck, den das Mädchen machte, war der eines kränklichen, oder vielmehr eines rätselhaften Geschöpfes." (DESTI, 343)]. Von Beginn an haftet Sofija das Signum des Mysteriösen und Merkwürdigen an, und wann immer X. an sie denkt, wird sie bezeichnet als „[о]но" (STI, 161) [dt.: es] und als „странное существо" (STI, 169) [dt.: „seltsames Wesen" (DESTI, 354)]. Bis zu ihrem Ende haftet Sofija das Image des komischen Vogels an, denn auch nach ihrem Tod heißt es noch: „Мир сердцу твоему, бедное, загадочное существо!" (STI, 176) [dt.: „Friede deiner Asche, du rätselhaftes armes Wesen!" (DESTI, 364)]. Hier zeigt sich ebenso, dass auch das Mitleiderregende und Armselige der Figur durchgängig bewahrt bleibt, sodass sich das Mysteriöse nicht ins Bedrohliche wendet, sondern Sofija eine tugendhafte Figur darstellt. Die Bezeichnung Sofijas als *Wesen* oder *Geschöpf* trägt zusätzlich zur Verschleierung und Mystifizierung ihrer Person bei und lässt sie noch merkwürdiger erscheinen. Diese Mystifizierung gründet sich maßgeblich auf das Unvermögen von X., die Figur verstehen oder einschätzen zu können, sodass hier eine als rätselhaft gebrandmarkte Darstellung des Unbekannten gezeigt wird. X. selbst gesteht, er „я его не вполне понимал" (STI, 161) [dt.: „war überhaupt unfähig, sie zu verstehen" (DESTI, 343)]. Erst die Reduktion auf das Seltsame geben der Figur eine Existenzgrundlage, da es außerhalb der Vorstellung von X. liegt, dass andere Lebensweisen überhaupt bestehen. Diese Mystifizierung fungiert auch als Mittel, um Sofija ihrer Mündigkeit zu berauben. Tatsächlich darf die Figur an einigen Stellen in der Erzählung sprechen, wie beispielsweise auf dem Adelsball, auf welchem sie in der Unterhaltung mit X. Stellung zu ihrer Glaubensauffassung bezieht. Dieser Mündigkeit wird sie jedoch sogleich wieder beraubt, indem sie umgehend als unglaubwürdiger Sonderling verurteilt wird. Die Unterhaltung auf dem Adelsball ist charakteristisch für diesen Prozess, bei dem X. Sofija in den Typus der Rätselhaften zwängt, mit der Folge, dass er sich mit dem Inhalt ihrer Äußerungen nicht auseinandersetzen muss. Die Bestätigung seines Unverständnisses scheint er prompt von der anwesenden Festgesellschaft zu erhalten:

> „Я взглянул на наших соседей по мазурке: они также взглянули на меня, и мне показалось, что мое удивление их забавляло; один из них даже улыбнулся мне сочувственно, как бы желая сказать: «А? что? Какова у нас барышня-чудачка? здесь все ее за такую знают»" (STI, 171)
>
> [dt.: „Ich sah mich nach unseren Nachbarn in der Mazurka um; sie schauten mich alle an, und es kam mir vor, als ob sie mein Erstaunen amüsierte. Der eine lächelte mir sogar verständnisvoll zu, als ober er sagen wollte: Nicht wahr, ein sonderbares Mädchen? Sie ist als solche schon bekannt." (DESTI, 355)].

An dieser Stelle wird deutlich, dass der Kern der Erzählung die Mystifizierung von Anderssein darstellt. Der epilepsiekranke Vasilij und die sich aus den gesellschaftlichen Zwängen befreiende Frau sind das, was der Titel als „seltsame Geschichte" bezeichnet. Dem Anderssein wird hier der Stempel des Rätselhaften und Seltsamen aufgedrückt, sodass die Frage nach einem angemessenen Umgang mit dem Anderen gar nicht erst gestellt werden muss. Die Erzählung zeigt die Perspektive des weißen, gesunden Mannes, der seine Begegnung mit dem Anderen schildert. Im ersten Teil der Erzählung trifft er die beiden Figuren, die als anders oder seltsam markiert sind einzeln (Sofija als „загадочная дочь моего знакомого" (STI, 162) [dt.: „rätselhafte Tochter meines Bekannten" (DESTI, 345)] und Vasilij als „божьего человека" (STI, 176) [dt.: „Gottesmensch" (DESTI, 364)]). Im zweiten Teil kreuzen sich ihre Wege zu dritt, da Vasilij und Sofija den Bund der Aussätzigen eingegangen sind. Die Figur Sofija gibt jedoch in zweifacher Hinsicht Anlass zur Mystifizierung: Als Frau ist sie per se als das Andere definiert und wird hier gar noch zusätzlich als anders und sonderbar wahrgenommen, da sie durch ihre abweichende Lebensweise aus dem gesellschaftlich definierten Rahmen fällt und damit gegen die herrschenden Konventionen verstößt.

Auch Susanna in *Nesčastnaja* wird definiert als das Andere. Sie sticht hervor, da sie die einzige der Kinder ist, die nicht leiblicher Abkömmling Ratčs und zudem noch unehelich ist. Bereits ihr Name verrät, dass sie anders ist als ihre Stiefgeschwister: „Вот, и имя ее тоже не под стать другим" (NES, 103) [dt.: „Also selbst der Name ist nicht im Einklang mit den übrigen Namen" (DENES, 266)]. Ihr Halbbruder Viktor bezeichnet sie im Zusammenhang mit seinen Neidgefühlen gegenüber der Pension, welche sie bezieht, gar explizit als anders: „Я ведь никаких пенсий не получаю; не то что *иные*" (NES, 107; Hervorhebung I.S.T.) [dt.: „Ich beziehe ja keine Pension, wie *andere* Leute" (DENES, 272)]. Wie Sofija ist auch Susanna in doppelter Hinsicht als anders markiert: Nicht nur ihre Weiblichkeit, sondern auch ihr unkonventioneller Familienstatus des unehelichen Waisenkindes definieren sie als Außenseiterin. Anstelle des Mitgefühls kommt ihr ausschließlich Bestrafung zu teil. Beide Figuren werden als das Andere markiert, als das Unbekannte mystifiziert und damit ihrer Menschlichkeit beraubt.

4.3.2 Sterben

Wenngleich die beiden Frauenfiguren Sofija und Susanna aus dem gesellschaftlichen Rahmen fallen, indem sie in unterschiedlicher Art von der Norm abweichen, bleiben beide Figuren in ihrer Unschuld unangetastet. Es handelt sich nicht um dämonische Figuren à la Zinaida, sondern der Bruch mit der Norm geht einher mit einer Aufrechterhaltung der Tugend, die wiederum für das im Protagonisten erzeugte Mitleid ihre Ursache findet. Bei seiner ersten Begegnung mit Sofija vermerkt er ihre Aufrichtigkeit, welche die Figur bis zum Ende beibehält: „[Я] только чувствовал, что мне еще не удавалось встретить более искреннюю душу" (STI, 161) [dt.: „Ich [...] fühlte nur das eine – daß ich noch keiner aufrichtigeren Seele im Leben begegnet war." (DESTI, 343)]. Die Aufrichtigkeit der Figur dient ihrer Darstellung als Heilige, die auch noch nach ihrem Tod nichts von ihrer Reinheit eingebüßt hat: „Нет, Софи осталась чистой; и, как она однажды сказала мне, для нее не было ничего нечистого" (STI, 176) [dt.: „Nein, Sophie war rein geblieben, und, wie sie sich einst ausgedrückt: es gab für sie nichts Unreines." (DESTI, 364)]. Der Heiligenstatus der Figur wird pronounciert zum Ausdruck gebracht, als Sofija als fußwaschende Sünderin und Magdalena inszeniert wird:

> „Перед ним, на земляном полу, стояла на коленях тщедушная женщина [...]. Она силилась стащить сапог с ноги юродивого [...]. Наконец женщине в шушуне удалось сдернуть сапог. Она чуть навзничь не упала, однако

справилась и принялась разматывать онучи юродивого. [...] Я снова глянул сквозь щель: женщина в шушуне все еще возилась с больной ногой юродивого. [...] «Магдалина!» - подумал я" (STI, 173).

[dt.: „Vor ihm auf dem Boden kniete eine abgemagerte Frau [...]. Sie strengte sich an, von einem Fuß des Mannes den Stiefel herabzuziehen [...]. Endlich gelang es der Frau in dem Wams, den Stiefel herunterzubekommen. Sie fiel dabei fast auf den Rücken, richtete sich aber wieder auf und machte sich jetzt daran, ihm die Fußlappen loszuwickeln. [...] Ich schaute nochmals durch den Ritz. Die Frau im Wams war noch immer mit dem Fuß beschäftigt. Eine Magdalena! dachte ich." (DESTI, 359-360)]

Bei Koschmal erfährt der Begriff des Heiligen eine zusätzliche Umwertung, sodass von einer Ambivalenz des Heiligen die Rede ist, die sowohl das Sakrale als auch das Dämonische oszillieren lässt. „Die Grenze zwischen der aufgrund ihrer weltlichen Liebe heilig erscheinenden Frau und der christlichen Heiligen wird in den späten Erzählungen fließend".[138] Sowohl Susanna als auch Sofija sind Figurentypen, die diese Ambivalenz des Heiligen in Form ihrer Verwandtschaft zu Magdalena in sich tragen. Nicht ohne Grund sollte Susanna ursprünglich den Namen Magdalina tragen.[139] Diese Ambivalenz hebt sich auch in der Farbsymbolik hervor, welche die beiden Figuren umgibt. Sofijas Kleidung auf dem Adelsball zeigt einen deutlichen Schwarz-Weiß-Kontrast: „Она была вся в белом, с бирюзовым крестиком на черной ленточке" (STI, 169) [dt.: „Sie war weiß gekleidet und trug am Hals an schwarzem Band ein Kreuz." (DESTI, 354)]. Ein ähnliches Bild wird von Susanna gezeichnet, als diese Petr Gavrilovič aufsucht, um ihm ihre Memoiren zu überreichen: „Тяжелые космы черных волос упали ей на лицо... Снежная пыль еще не сошла с них" (NES, 117) [dt.: „Ihre schwarzen Haare fielen auf die Stirn... und noch waren die Schneeflocken nicht von ihnen verschwunden." (DENES, 284)]. Der Schwarz-Weiß-Kontrast beschreibt Susanna auch im Kreise ihrer Familie: „где-то у Шекспира говорится о «белом голубе в стае черных воронов»; подобное впечатление произвела на меня вошедшая девушка" (NES, 102) [dt.: „Shakespeare, glaube ich, spricht an einer Stelle von `einer weißen Taube inmitten einer Schar schwarzer Raben´; einen ähnlichen Eindruck machte auf mich das eingetretene junge Mädchen" (DENES, 265)].

---

[138] W. Koschmal: *Vom Realismus zum Symbolismus*, S. 146.
[139] S. Л. М. Лотман: *Примечания* zu *Nesčastnaja*, S. 447.

Der dunkle, dämonische Teil der Figur wird jedoch durch ihr äußeres Erscheinungsbild vermittelt: „она скорее напоминала уроженцев юга. Чрезвычайно густые черные волосы без всякого блеска, впалые, тоже черные и тусклые, но прекрасные глаза" (NES, 102) [dt.: „eher konnte man sie für eine Südländerin halten. Glanzlose, aber sehr dichte, schwarze Haare, tiefliegende glanzlose, schwarze und dabei doch sehr schöne Augen" (DENES, 266)]. Die von Koschmal beobachtete Ambivalenz des Heiligen trifft tatsächlich auf die beiden Figuren zu. Beide entsprechen dem Stereotyp der Heiligen, sind jedoch durch ihre rätselhaften Züge mit einer geheimnisumwobenen Gegenwelt, die von dämonischen Kräften bestimmt wird, verbunden. Wenngleich die beiden Frauenfiguren als Unschuldige in den Tod gehen und als reine Magdalenen inszeniert werden, behalten sie dennoch einen teuflischen Zug, der auf alles Unbekannte, Rätselhafte ihres Wesens zurückzuführen ist. Es ist das Seltsam-Irrationale, das ihnen anhaftet, das sie mit der Sphäre des Dämonischen verbindet. Dieser seltsame Zug der Figuren wurzelt jedoch in der Perspektive des Protagonisten, welche die gängigen Wertevorstellungen vertritt und somit einsteigt in den Kanon, der die Figur für ihr Anderssein verurteilt. Der Tod der Figur bestätigt folglich zunächst die Position dessen, der die Geschichte erzählt und bedeutet die Bestrafung des Anderen für das Anderssein. In *Strannaja istorija* wird die Sichtweise von X. bestätigt, der völlig unverständlich auf das Verhalten von Sofija blickt und nicht nachvollziehen kann, warum sie ihr bisheriges Leben aufgibt, um dem Kranken Vasilij zu folgen:

> „Я ничего не понимал; я не понимал, как могла такая хорошо воспитанная, молодая, богатая девушка бросить все и всех, родной дом, семью, знакомых, махнуть рукой на все привычки, на все удобства жизни, и для чего? Для того чтобы пойти вслед полусумасшедшему бродяге, чтоб сделаться его прислужницей? Ни на одно мгновение нельзя было остановиться на мысли, что поводом к подобному решению была сердечная, хоть и извращенная наклонность, любовь или страсть..." (STI, 176).
>
> [dt.: „ich war unfähig zu begreifen, wie ein so gutgezogenes, junges und wohlhabendes Mädchen sich hatte entschließen können, alles und alle, ihr Haus, ihre Angehörigen und Bekannten zu verlassen, ihre Gewohnheiten, den Komfort, in dem sie aufgewachsen war, daranzugeben, und um was? Um einem halb verrückten, umherziehenden Mann zu folgen und sich zu seiner Magd zu erniedrigen! Ich konnte unmöglich auch nur einen Augenblick bei dem Gedanken

veweilen, daß die Veranlassung zu einem solchen Entschluß eine wenn auch ausgeartete Herzensneigung, ein Gefühl der Liebe, der Leidenschaft gewesen sein sollte." (DESTI, 364)].

Das Unverständnis, das X. hier zum Ausdruck bringt, sowie seine Herabsetzung Vasilijs als Verrückten (an späterer Stelle spricht er von ihm gar als „отталкивающ[ая] фигур[а]", STI, 176) [dt.: „widerliche Figur" (DESTI, 364)]) ist auch die Rede des gekränkten Nebenbuhlers, der auf seine Annäherungsversuche auf dem Adelsball eine Abweisung Sofijas erfahren hat. Nicht ohne Grund beklagt er in obiger Aussage das Zurücklassen von Angehörigen und *Bekannten,* womit wohl seine Person gemeint ist. Der Held erfährt an dieser Stelle eine Kränkung, die nur durch eine angemessene Bestrafung einen Ausgleich erfahren kann. Vor dem Hintergrund dieses Gefühls des Zurückgewiesenseins erfährt auch die Darstellung der Figur Sofija eine neue Bedeutung: Ihr Eigensinn und ihr Streben nach Selbstbestimmtheit entsprechen nun dem Chaos und den unkontrollierbaren Kräften, über die der Erzähler (und auch Sofijas Vater) keine Macht hat, daher sind diese Eigenschaften potentiell gefahrbringend. Sonach wird die Person mit einer rätselhaften, mystischen Aura des Seltsamen ausgestattet, die ihre Persönlichkeit verwischen soll und sie auf ein „загадочное существо" (STI, 176) [dt.: „rätselhaftes armes Wesen" (DESTI, 364)] reduziert. Hier wird eine gestandene Person mit Charakter und Willensstärke für unmündig erklärt und als eine Besessene verleumdet, die vom Teufel verführt wurde. Die Kränkung des Protagonisten ist ferner nur dadurch wiedergutzumachen, indem eine Rückführung der Aussätzigen in ihr vorheriges Leben und ihr darauf folgender Tod die „richtige" Lebensweise herbeiführt und das gutgezogene Mädchen auf ihren Platz in der vorherrschenden Ordnung zurückverweist. X. vertritt diese Sicht und wenngleich er die Figur Sofija positiv darzustellen versucht, wird an dieser Stelle seine aus gekränkten Gefühlen hervorgehende Verurteilung Sofijas offenkundig. Es zeigt sich, dass Liebe und Leidenschaft zwar positive Gefühle sind, jedoch unterliegt die Wahl des Geliebten strengen Normen, die keinesfalls gebrochen werden dürfen. Zudem ist X. der Abgelehnte, der auf die Position des geliebten Subjekts verzichten muss, da nicht er die Person ist, der diese Liebe und Leidenschaft zukommt, sondern ein an Epilepsie leidender Mann,[140] der diese Zuneigung laut X.' Weltentwurf nicht verdient hat. Diese in der Perspektive der Erzählung verwurzelte Ablehnung des Anderen und die persönliche Kränkung des Protagonisten liefern auch eine Erklärung für den möglichen Tod Vasilijs, denn: „Разве падучая его сломила" (STI, 176) [dt.: „vielleicht hat ihn die Epilepsie zerbrochen." (DESTI, 364)]. Der Tod Sofijas ist sehr deutlich eine Konsequenz des Verstoßes gegen sämtliche Konventionen: Durch ihr Verhalten überschreitet sie gar mehrere Grenzen: Ihre Weigerung, sich als Braut auswählen zu lassen, ist jenen gegenüber anstößig, die sich als Anwärter auf eine reiche Braut wähnen (dazu zählen X. und sein Kollege, der ihm von Sofijas Flucht berichtet). Zusätzlich ist ihre Flucht aus dem elterlichen Gefängnis, in dem sie nach dem Tod ihrer Mutter zu einer Dienerin und Hausmagd degradiert wird, eine Untergrabung der väterlichen Machtposition.

Auch in Bezug auf den Tod Susannas in *Nesčastnaja* gibt eine Untersuchung der Perspektive Aufschlüsse über die Motive ihres Sterbens. Ebenso wie X. ist Petr Gavrilovič ein Zurückgewiesener, denn Susanna hat sich bereits für seinen Freund Fustov entschieden. Sein Nebenbuhler und Freund versagt jedoch, da es ihm nicht gelingt, zur rechten Zeit zu seiner Geliebten zu stehen, sodass Susannas Tod auch zum Zeichen der Schuld Fustovs wird. Ihr Tod und sein Versagen dienen damit auch der Bestätigung Petr Gavrilovičs, der stets betont, dass er gänzlich anders gehandelt hätte, und damit das Verhalten des Freundes anklagt. Durch Susannas Tod wird die Position des Erzählenden bekräftigt, und gleichzeitig erfolgt eine Schuldzuweisung an seinen Konkurrenten. Seinen moralischen Triumph über Fustov äußert Petr Gavrilovič in Aussagen, die seine Verbundenheit zu Susanna belegen sollen und zeigen, dass er die bessere Partie für Susanna gewesen wäre. Noch zu Lebzeiten fühlt er sich Susanna verbunden und fühlt „словно чему-то обрадовался" (NES, 104) [dt.: „mit einer gewissen Befriedigung" (DENES, 286)], sobald er merkt, dass Susanna und er Gemeinsamkeiten in der Wahrnehmung der Ratč'schen Familie haben. Fustov scheint es an dieser Art der Verbundenheit zu mangeln, denn nach dem

---

[140] Über die Machtverhältnisse zwischen den weiblichen Figuren und Vasilij s. F. F. Seeley: *Turgenev*, S. 274-276.

Tod Susannas konstatiert Petr Gavrilovič: „Как же мало он знал ее!" (NES, 147) [dt.: „Wie wenig hat er sie verstanden!" (DENES, 325)]. Das Versagen des Freundes führt beim Helden zu einem Gefühl von Überlegenheit, denn während die Freunde beratschlagen, was nach dem Tod Susannas nun zu tun sei, reagiert er mit Überheblichkeit: „Я говорил Фустову как наставник, как старший брат. Среди всего этого ужаса, горя, изумления какое-то невольное чувство превосходства над Фустовым внезапно проявилось во мне..." (NES, 147) [dt.: „Ich sprach zu ihm im Ton eines Mentors, eines älteren Bruders. Inmitten des Schreckens, des Schmerzes, des verwunderten Fragens war in mir plötzlich ein unwillkürliches Gefühl von Überlegenheit Fustov gegenüber erwacht..." (DENES, 325)]. Tatsächlich bedeutet der Tod Susannas im Handlungsgefüge der Erzählung den Sieg des Helden über den Kontrahenten Fustov, denn mit ihrem Tod lässt dieser den Protagonisten an seine Stelle treten: Als Susanna verstorben ist, bittet er seinen Freund, an seiner Stelle ins Ratč´sche Haus zu gehen, um Erkundigungen darüber einzuholen, wie sich alles zugetragen hat. Das Unvermögen des Freundes ist der Triumph seines Nebenbuhlers: „ – Я не могу пойти туда, - промолвил он. – Я затем и пришел к тебе, чтобы попросить тебя... вместо меня... А я не могу... не могу... " (NES, 147) [dt.: „Ich kann nicht hingehen, sagte er dumpf. Deswegen bin ich ja zu dir gekommen, um dich zu bitten statt meiner... Ich selbst kann nicht... kann nicht..." (DENES, 326)]. Auch der Trauerfeier bleibt Fustov fern und lässt Petr Gavrilovič an seine Stelle treten, sodass dieser Rollentausch der beiden Freunde Petr Gavrilovičs Tante zu der Annahme verführt, er sei der heimliche Geliebte Susannas gewesen: „Чуть ли не вообразила она, что Сусанна из любви ко мне решилась на самоубийство" (NES, 154) [dt.: „Ich glaube fast, sie vermutete, Susanna habe aus Liebe zu mir sich zum Selbstmord entschlossen" (DENES, 335)]. Dass der Held diese Rolle bereitwillig annimmt, zeugt davon, dass er nun die Wiedergutmachung erfährt, welche die Kränkung ausgleicht, die er zu Susannas Lebzeiten in Form ihrer Abweisung erfahren hat. Dies erklärt, warum er noch Jahre nach ihrem Tod nahezu besessen von der Frage ist, warum sich Susanna für Fustov entschieden hat: „Я начал размышлять о том, чем возможно было объяснить любовь Сусанны к Фустову и почему она так скоро, так неудержимо предалась отчаянию, как только увидала себя оставленною?" (NES, 158) [dt.: „Ich frage mich, womit man die Liebe Susannas zu Fustow erklären könne und warum sie wohl so leicht, so unaufhaltsam sich der Verzweiflung hingegeben habe, als sie sich von ihm verlassen sah!" (DENES, 341)]. Abgesehen von dieser Entschädigung, die der Held erfährt, ist Susannas Tod auch ein Meilenstein auf dem Weg zum Erwachsenwerden Petr Gavrilovičs. Vor den Ereignissen rund um die Ratč´sche Familiengeschichte ist der Held unschuldig und kennt kein Leid. Er ist jugendlich und unerfahren und wird durch seine Begegnung mit Susannas Geschichte erst mit dem Leiden in der Welt konfroniert. Dies suggeriert er in Äußerungen, in denen er die Schwere der Ereignisse auf die Leichtigkeit seiner Jugend prallen lässt: „Я только что начинал жить тогда: не испытал ни страсти, ни скорби и редко бывал свидетелем того, как выражаются в других те сильные чувства... Но искренность этой скорой, этой страсти меня поразила" (NES, 120) [dt.: „Damals hatte das Leben für mich kaum begonnen; weder Leidenschaft noch tiefe Trauer hatte ich selbst erlebt und selten nur erfahren, wie diese mächtigen Gefühle bei anderen sich äußern... Hier zeigten sich mir Trauer und Leidenschaft in ihrer ganzen Größe, und ich ward mächtig davon ergriffen" (DENES, 289)]. Die Konfrontation mit der Schwere des Daseins erlebt er spätestens mit Susannas Besuch: „я понял, несмотря на свое легкомыслие и молодость, что в этот миг предо мной завершалась судьба целой жизни – горькая и тяжелая судьба" (NES, 116) [dt.: „trotz meiner Jugend und meines Leichtsinnes begriff ich sehr wohl, daß sich in diesem Moment das Schicksal eines ganzen Lebens vor meinen Augen erfüllte – und zwar ein herbes, schweres Schicksal" (DENES, 284)]. Der Tod Susannas stellt demnach auch einen Höhepunkt im Reifungsprozess des Helden dar, der in Susannas Geschichte und in ihrem Ableben in vollen Zügen mit Schmerz und Leid konfrontiert wird, wodurch er das Gefühl von Mitleid erfährt und Susanna zu einer „Unglücklichen" avancieren lässt.

Da beide Figuren aus dem Rahmen der Konventionen fallen – Sofija durch ihre Flucht aus einem fremdbestimmten Leben und Susanna durch ihre Herkunft aus einer unehelichen Vereinigung, stellen sie eine potentielle Bedrohung für die herrschende Norm dar. Ihr Tod ist somit die Wiederherstellung der symbolischen Ordnung. Erst durch ihren Tod herrschen wieder

Kontrolle und Sicherheit, da nun alles an seinen gewohnten Platz zurückgeführt wurde. Die beiden Figuren sühnen ihren Ausbruch aus der Norm mit dem Leben. In beiden Erzählungen wird die herrschende Ordnung durch den Schauplatz der patriarchal geprägten Familie repräsentiert, aus der ein rechtmäßiges Entkommen nur durch eine Heirat möglich ist. In *Strannaja istorija* wird dies gleich zu Beginn der Erzählung deutlich, als sich der Protagonist, aus dessen Sicht die Erzählung spricht, und Sofijas Vater treffen. Dieses Treffen unter Männern, bei dem die Pachtgeschäfte des Witwers besprochen werden, stellt den Rahmen dar, in dem sich die weibliche Figur Susanna bewegt und welches die patriarchalen Werte der herrschenden Ordnung repräsentiert. Mit dem Eintritt Sofijas in das Zimmer tritt sogleich auch die Ungewissheit in die Geschichte ein, die von X. in Form der für ihn unverständlichen und als rätselhaft beschriebenen Züge ausgedrückt werden. In diesem Gefüge gibt es keine Alternative zu Anpassung und Gehorsam, sodass der Tod der Heldin eine logische Konsequenz ihres Fluchtversuches ist. Ihr Tod gleicht einer Hexenverbrennung, denn die unkonventionelle Frau, die einem selbstbestimmten Leben nachgehen möchte, muss sterben, damit die Norm gewahrt bleibt. Der normative Weltentwurf wird durch ihren Tod bestätigt, aufrecht erhalten und gestärkt, indem die Sünderin geopfert wird. Sofija stirbt als Reaktion auf das erneute Einsperren in ein Leben, das nicht selbstgewählt ist, denn es ist nicht Selbstverleugnung und Selbstvernichtung, die sie antreiben – wie X. es interpretiert -, sondern ihr Glaube, der ihr sagt, dass asketische Selbstopferung das höchste Ziel ist. Von diesem Glauben ist sie fest überzeugt und bereit, alles zu geben, um nach ihrem Glauben leben zu können. Bei ihrer Unterhaltung mit X. macht sie ihre Überzeugung sehr deutlich: „ – Всякий обязан делать то, что ему кажется правдой, - отвечала она каким-то догматическим тоном" (STI, 170) [dt.: ,`Jeder soll tun, was ihm als recht erscheint´, antwortete sie mit fast dogmatischer Sicherheit." (DESTI, 356)]. Diese selbstbestimmte Lebensweise ist der Fauxpas, den Sofija sich leistet, denn als Tochter des Witwers ist ihre Stellung im Familiengefüge durch die Figur des Vaters bestimmt, dem Dienst zu leisten ist. Im Rahmen ihrer familiären Rolle ist es durchaus nicht vorgesehen, dass sie sich stattdessen lieber um einen Kranken kümmert, der zudem ebenfalls aus der gesellschaftlichen Rolle fällt. Demnach ist die Rückführung des „verirrten Schafs" unerlässlich, denn würde Sofija nicht wieder eingefangen, käme dies einer Bestätigung ihres Lebensweges gleich, der jedoch im Rahmen der herrschenden Ordnung ausgeschlossen ist. Durch Sofijas Tod wird richtiggestellt, dass eine junge Frau nicht nach ihrer eigenen Wahl frei bestimmen darf, wem sie folgen und was sie glauben möchte. Ihr Tod ist die Korrektur ihres Verhaltens und damit das Urteil, dass es sich bei ihrem Glauben um ein falsches Lebensmodell handelt, während der Glaube des Vaters bzw. des Protagonisten der richtige ist. Der Hang zur Selbstbestimmung Sofijas ist die Eigenschaft, die gebrochen werden muss und durch ihren Tod werden Macht und Kontrolle über diese als unkontrollierbar gefühlten Verhaltensweisen der Figur zurück gewonnen. Der Tod Sofijas bestätigt das herrschende Machtgefüge. Obwohl der Protagonist Mitleid mit der Figur empfindet, ist er dennoch in seiner männlichen Machtperspektive gefangen, wodurch sich die Erzählung nicht als Kritik an diesem Zustand lesen lässt. Der Tod Sofijas ist vielmehr die Opferung der schuldigen Sünderin, der die notwenige Konsequenz ihres Verhaltens darstellt, da die von ihr ausgehende Gefahr und Bedrohung gebannt werden muss.

Nach dem gleichen Muster vollzieht sich der Tod Susannas in *Nesčastnaja*. Auch Susanna fällt aus dem gesellschaftlichen Rahmen und entzieht sich der vorgeschriebenen Norm. Dieser Entzug erfolgt einerseits unverschuldet in Form ihres Daseins als uneheliches Waisenkind, andererseits ist der Fluchtversuch durch die heimliche Verlobung mit ihrem Cousin Michail eine bewusste Bemühung, den engen Grenzen des Famlienlebens unter der Obhut von Ratč zu entkommen. Die Tatsache, dass Susanna bereits durch ihre Herkunft ihre Stellung als legitimes Familienmitglied verwirkt hat, wäre allein schon ein Grund, ihre Person als Bedrohung wahrzunehmen, da bereits ihre Existenz genügt, um das Konstrukt der herrschenden Ordnung ins Wanken zu bringen. Ihr Wille zum selbstbestimmten Handeln ist ein weiteres unkontrollierbares Faktum, welches die Figur letztendlich vollends zu einer potentiellen Bedrohung werden lässt, die es zu bannen gilt. Dass Verstöße dieser Art im Normengefüge der Erzählung geahndet werden, zeigt sich bereits durch die Figur der Mutter Susannas. Auch diese wird zum Opfer der Wiederherstellung der patriarchalen Ordnung, da auch sie gegen die gängige Norm verstößt und durch die Geburt des illegitimen Kindes zur

Sünderin wird. Ihr Fauxpas kann nur durch die unfreiwillige Heirat des Scheusals Ratč geradegerückt werden. Dass sich nun alle Umstände wieder in geordneten Zuständen befinden, bringt Koltovskoj auf den Punkt, wenn er im Zusammenhang mit der Heirat der Mutter von einer Regulierung der Situation spricht: „Он женился на ней из-за денег, а она должна была повиноваться. Г-н Колтовской, вероятно, нашел, что таким образом все устроилось к лучшему – «la position etait régularisée»" (NES, 121) [dt.: „Er heiratete sie der Mitgift willen und sie ihn, weil sie sich fügen musste. Wahrscheinlich meinte Herr Koltowskoj, daß auf diese Weise alles ins beste Geleise gebracht sei - `la position etait régularisée´" (DENES, 290)]. Der Tod Susannas stellt ebenfalls eine solche Regulierung der Verhältnisse dar. Denn Susanna versucht nicht nur, sich durch Flucht mit einem Geliebten dem Gefängnis ihrer Familiensituation zu entziehen, sondern auch die Niederschrift ihrer Geschichte lässt sich als Akt des Aufbegehrens deuten. Susannas Autorschaft ist ein Vorstoß, das Schweigen zu brechen, das sämtliche familiären Beziehungen Susannas gezwungenermaßen umgibt. Wie Costlow bereits feststellt, wird hier die Figur der weiblichen Autorin jedoch einem männlichen Erzähler untergeordnet. Damit erfährt die Schrift aus der Feder einer Autorin eine deutliche Geringschätzung.[141] Susanna darf erst im dem Augenblick zu Wort kommen, als ihr Tod bereits besiegelt ist und übergibt ihre Memoiren als letzten Akt an Petr Gavrilovič. Neben der Tatsache, dass die Handlung des Schreibens eine Übertretung der gängigen Normen, die für Frauen gelten, darstellt, liefert der Tod der Figur Susanna auch den Kontext, in dem der Held als solcher hervortreten kann und als glorreicher und großzügiger Gönner erscheint, der ihr eine Stimme verleiht. Dies weist die Figur der Autorin deutlich auf ihren Platz am Rande des männlichen Diskurses: „Women speak from the periphery of male speech and knowledge; and Turgenev´s narrator, like Turgenev, possesses a power of communication with that realm despite his sex. Turgenev´s narrator will transmit feminine passion into the world of male discourse".[142] Der Tod Susannas ist eine fatale Antwort auf ihren Versuch, durch Autorschaft zu Wort zu kommen, denn es wird deutlich, dass

---

[141] J. T. Costlow: *Speaking the Sorrow of Women.*
[142] Ebd., S. 333.

die Autorin trotz ihrer stattlichen Pension und eines *room of one´s own* schließlich noch zum Schweigen gebracht werden kann.

4.3.3 Inszenierung des Todes

Obschon die Bedeutung des Todes der beiden Figuren Sofija und Susanna sich auf die Bannung der von ihnen ausgehenden Gefahr für das Wertesystem herunterbrechen lässt, so unterscheidet sich die Darstellung ihres Ablebens jedoch gewaltig. Dass Sofija das Signum der Sünderin trägt, stellt der Erzähler in *Strannaja istorija* am Ende klar, indem er der Erwähnung ihres Todes die Zitation des Gleichnisses vom verlorenen Schaf aus dem Lukasevangelium voraussetzt: „Впоследствии времени до меня дошли слухи, что семье удалось наконец отыскать заблудшую овцу и вернуть ее домой" (STI, 176) [dt.: „Nach einiger Zeit kam mir zu Ohren, daß es der Familie gelungen sei, das verirrte Schaf zu finden und wieder heimzuführen" (DESTI, 364)]. Dieser Vergleich erscheint hier paradox, da die Magdalenenfigur Sofija in der Erzählung die christliche Tugend verkörpert, die sich der religiösen Nächstenliebe verschrieben hat und es schließlich jene Regularien der biblischen Vorschriften sind, die sie in ihr altes Leben zurücküberführen und somit ihren Tod auslösen. Das Ereignis ihres Todes bleibt ausgespart und wird in der Erzählung nur durch den Kommentar ausgedrückt, dass Sofija bald starb: „Но дома она пожила недолго и умерла «молчальницей», не говорившей ни с кем" (STI, 176) [dt.: „Aber zu Hause hielt sie es nicht lange aus; sie starb bald, ohne je ihr Schweigen gebrochen zu haben" (DESTI, 364)]. Die Todesursache bleibt unbeleuchtet. So wie Sofija als schweigende Büßerin stirbt, so schweigt auch die Erzählung über die Umstände ihres Todes. Die Figur erhält bis zum Schluss keine Gelegenheit, sich zu erklären, und bleibt das rätselhafte Wesen, das es für den Protagonisten von Anfang an war. Susannas Tod in *Nesčastnaja* erscheint im Vergleich nahezu episch: Er wird in der Erzählung ausführlich vorbereitet, die Leiche sowie die Beerdigungszeremonie bilden einen erheblichen Teil der Erzählung. Susanna ist durch ihr Schweigen und ihre unglückliche Erscheinung schon zu Lebzeiten mit dem Tod verbunden.

Dass dieser jedoch bald folgen wird, ahnt der Leser schon durch die Vision Petr Gavrilovičs einer weiblichen Gestalt, wodurch ihn die Ahnung beschleicht, dass etwas nicht mit rechten Dingen zugeht, sodass er die Warnung an seinen Freund Fustov ausspricht (NES, 144-146). Die Darstellung der Geschehnisse rund um Susannas Tod stehen in starkem Kontrast zu der Nichterwähnung der Todesursache. Das Spannungsmoment ihres Sterbens wird durch diese Aussparung erzeugt. Die erste Kunde ihres Todes kommt von Fustov, der erfahren hat, dass Susanna um Mitternacht in der vorigen Nacht gestorben sei. Das Ereignis selbst wird nur durch die Erzählung des Freundes dargestellt sowie in Form der Visionen Petr Gavrilovičs. Als dieser vom Ableben Susannas erfährt, rekapituliert er die Ereignisse des Vorabends und stellt sie ihrem Tode gegenüber: „В полночь, - подумал я... – Стало быть, она была еще жива вчера, когда она мне почудилась на окне, когда я умолял его бежать к ней" (NES, 146) [dt.: „ Um Mitternacht! dachte ich... Also war sie noch am Leben gestern abend, als ich sie auf dem Fenster sitzend zu sehen wähnte, als ich ihn beschwor, zu ihr zu eilen..." (DENES, 325)]. Der Held stellt hier in seiner Vorstellung zwei Schauplätze des Geschehens gegenüber, was auch dazu dient, eine Schuldzuweisung an Fustov auszusprechen und seine Handlungen zu verurteilen, sodass er selbst der unschuldige, ehrenhafte und damit edelmütigere Nebenbuhler bleiben kann: „Восторженная голова, говорил он, все молодые девушки так... А в ту самую минуту она, быть может, подносила к губам..." (NES, 147) [dt.: „Ein exaltiertes Wesen hatte er von ihr gesagt, so sind alle jungen Mädchen... Und im selben Augenblick hat sie vielleicht das Gift zum Mund geführt..." (DENES, 325)]. Susannas Tod ist die Bestätigung dessen, dass Fustov der falsche Geliebte für sie war – und derjenige, der die Geschichte erzählt, ist auch der, welcher sie wesentlich besser behandelt hätte. Petr Gavrilovičs Neid gegenüber Fustov und die Vorwürfe, dass dieser nicht korrekt gehandelt hat, stehen auch bei der Beisetzung Susannas im Vordergrund:

> „В течение всей службы у меня духа не хватило прямо посмотреть на искаженное лицо бедной девушки; но каждый раз, как глаза мой мельком скользили по нем, «он не пришел, он не пришел», казалось мне, хотело сказать оно" (NES, 154)

[dt.: „Während des ganzen Gottesdienstes hatte ich nicht den Mut, das verzerrte Gesicht der armen Susanna gerade anzusehen; aber so oft auch mein Blick ihre Züge streifte, jedesmal glaubte ich in ihnen den Vorwurf zu lesen: `Er ist nicht gekommen, er ist nicht gekommen.´" (DENES, 335)].

Da der Protagonist in seinen Eifersuchtsgefühlen befangen ist, ist nicht deutlich auszumachen, ob die Todesursache Susannas tatsächlich, wie er annimmt, unnatürlicher Art ist. Tatsächlich lässt die Erzählung sämtliche Deutungen zu. Susannas Stiefvater Ratč spricht von Herzriss: „Разрыв сердца! Разрыв оболочек! Гипертрофия!" (NES, 151) [dt.: „`Ein Herzriß! ein Bersten der Membrane! Hypertrophie!´" (DENES, 330)]. Dieser ist sowohl Zeichen ihres Schmerzes und Leidens, als auch des Liebeskummers. Gleichzeitig erinnert der Herzriss an die „herzzerreißende" Geschichte Susannas, die in der Lage war, solch beachtliche Mitleidsgefühle in Petr Gavrilovič auszulösen. Nichtsdestotrotz lässt die Erzählung auch die Deutung des Selbstmordes zu. Für diese Version scheint die Komposition zu sprechen, da Turgenev die Erzählung nach dem real-historischen Vorbild der Geschichte von Émilia Gebel' gestaltete, der Tochter eines Moskauer Dirigenten und Komponisten, die sich 1833 das Leben nahm.[143] Eine Erörterung der drei möglichen Todesumstände und der Frage nach Mord, Suizid oder natürlichem Tod liefert Seeley in seiner Interpretation der Erzählung und schließt mit der Annahme, dass ein natürlicher Tod allein aus dem Grund auszuschließen wäre, da dieser nicht künstlerisch vorbereitet wurde, d.h. keine Vorandeutung für diesen in der Erzählung zu finden ist.[144] Abgesehen von der Todesursache, welche ausgeklammert bleibt, wird die Leiche Susannas jedoch sehr eindringlich zur Schau gestellt. Das Bild der Toten wird detailliert und ausführlich gezeichnet:

„Гроб стоял к дверям головой; черные волосы Сусанны под белым венчиком, над приподнятою бахромой подушки, первые бросились мне в глаза. [...] Боже! Какой горестный вид! Несчастная! Даже смерть ее не пожалела; не придала ей – не говорю уже красоты – но даже той тишины, умиленной и умилительной тишины, которая так часто встречается на чертах усопших. Маленькое, темное, почти коричневое, лицо Сусанны напоминало лики на старых-старых образах" (NES, 148).

[143] S. P. Brang: *I. S. Turgenev*, S. 159, sowie für eine detaillierte Erörterung der Entstehung und Konzeption der Erzählung: J.-L. Backès: *Naissance et composition d´une nouvelle de Turgenev: L´infortuneé*.
[144] F. F. Seeley: *Turgenev*, S. 284-285.

[dt.: „Der Sarg stand mit dem Kopfende zur Tür; Susannas schwarzes Haar ragte über dem weißen Krönchen aus den gestreiften Fransen des Sargkissens hervor und fiel mir zuerst in die Augen. [...] Mein Gott! was für ein trauriger Anblick! Die Unglückliche! Sogar der Tod hatte kein Erbarmen mit ihr gehabt; er hatte nicht nur keinen Liebreiz über sie ausgegossen, sondern nicht einmal jenen rührenden Frieden, der so häufig den Zügen Entschlafener aufgeprägt ist. Susannas kleines, dunkles, fast braunes Gesicht erinnerte an ganz ganz alte Ikonen" (DENES, 327)]

Die Tote entspricht in ihren Eigenschaften noch immer der Figur der unglücklichen Susanna. Das Bild der Figur hat sich durch ihr Sterben nicht gewandelt. Wenngleich der Tod ihr keinen Frieden verschafft, so vermag er es auch nicht, ihr die anmutige Erscheinung zu nehmen. Der Schwarz-Weiß-Kontrast, der bereits vor dem Hintergrund der Ambivalenz des Heiligen, das den beiden Figuren Sofija und Susanna anhaftet, beschrieben wurde, findet auch nach dem Tod der Figur Verwendung, indem das schwarze Haar mit einer weißen Krone geziert wird. Die Darstellung des Haares und der Ikonenvergleich, durch welchen der Leichnam zudem noch einen Kunstwerkcharakter gewinnt, kommen einer Fetischisierung der Leiche gleich. Es sind wieder die Haare der Toten, die der Leiche Anmut und Eros verleihen. Wie im Falle von Mar'ja Pavlovna werden Eigenschaften der lebenden Figur auf ihren Leichnam übertragen: Auch Susannas Leiche wird als die unglückliche und mitleiderregende Hülle gekennzeichnet, welche die Figur zu Lebzeiten war. Das Bild der Leiche entspricht jenem der lebenden Figur. Der entscheidende Unterschied zwischen der toten und der lebendigen Susanna ist derjenige, dass sie als Tote jegliche Entscheidungsvollmacht über ihren Körper verloren hat und mit ihrem Ableben die Besitznahme ihres Körpers für die Position des Begehrenden möglich wird. Auch hier zeigt sich das Phänomen der erotisch-ästhetischen Inszenierung des Leichnams, welche die Unmöglichkeit der gänzlichen Vereinnahmung des Körpers der Lebenden zum Ausdruck bringt. Durch ihren Tod wird Susanna somit jeglicher Mündigkeit beraubt und sie wird letztlich vollends zum Schweigen gebracht. Ihr Versuch, sich in Form ihrer Memoiren mitzuteilen, wird zuletzt wirkungslos, denn „Susanna is, finally, an icon of suffering femininity who will never be able to explain herself because she is silenced by death".[145]

---

[145] J. T. Costlow: *Speaking the Sorrow of Women*, S. 334.

142

5. Schlussbetrachtung

Die Analyse der Erzählungen hat gezeigt, dass die betrachteten Frauenfiguren ein gemeinsames Schicksal teilen. Sehr prägnant ist die Beobachtung, dass sie trotz der Unterschiede in der Konzeption des Typus, den sie repräsentieren, ausnahmslos von Schweigen, Stille, Starre und Unbeweglichkeit gekennzeichnet sind. In diesen Eigenschaften entsprechen die Figuren alle dem Status eines Kunstwerks, der bereits die Implikation toter Materie in sich birgt. Dieser Objektstatus des Weiblichen blickt zweifelsohne auf eine lange literarische Tradition zurück, die weit über Turgenev hinausreicht. In den analysierten Erzählungen Turgenevs sind jedoch die Bedingungen gegeben, durch die diese Vergegenständlichung des weiblichen Subjekts ermöglicht wird. Neben der Konzeption der weiblichen Figuren als hochstilisierte Stereotype, die von mangelnder psychologischer Tiefe geprägt sind, schafft die Erzählsituation die idealen Voraussetzungen für Diskriminierung und Vernachlässigung der weiblichen Version der Geschichte. Auch dieses Phänomen ist unumstritten auf eine dominante literarische Tradition zurückzuführen. Dessen ungeachtet zeichnen sich in den analysierten Erzählungen die Rahmenbedingungen ab, die zumindest für die späte Kurzprosa Turgenevs eine gewisse Gültigkeit erheben können. Diese lassen sich insbesondere auf den dominanten männlichen Blick reduzieren, der in allen analysierten Erzählungen vorherrscht. Selbst die Versuche, der weiblichen Seite eine Stimme zu verleihen, wie im Falle des Tagebuchs Klaras in *Klara Milič* oder der Memoiren Susannas in *Nesčastnaja,* tragen nicht dazu bei, ein authentisches Weiblichkeitsbild zu präsentieren. Alle analysierten Erzählungen sind vielmehr so konzipiert, dass der männlich dominierte Rahmen die Ausgangssituation der Erzählungen darstellt, die sodann durch das Erscheinen einer Frauenfigur die Störung der vorherrschenden Ordnung erfährt. Die Ähnlichkeiten in den Ausgangspositionen der Erzählungen sind augenfällig. In *Faust* stellt die Rahmenhandlung zunächst eine Briefunterhaltung innerhalb einer Männerfreundschaft dar und wird bereits dadurch als ein explizit männlich geprägter Schauplatz charakterisiert. Eine ähnliche Ausgangsposition findet sich in der Erzählung *Zatiš'e,* in welcher der Gutsherr Vladimir Sergeič zu seinem ebenfalls männlichen Nachbarn eingeladen wird. Ebenso in der Erzählung *Brigadir*, in der auch das Motiv der Männerfreundschaft und der Reise auf das Landgut den Beginn der Erzählung markieren (ersteres kehrt später noch einmal in Form der Beziehung zwischen Gus'kov und Ogurec wieder). Die Männerfreundschaft ist auch Ausgangspunkt in den Erzählungen *Klara Milič* und *Nesčastnaja*, während das Treffen unter männlichen Nachbarn und Bekannten auf dem Landgut sich ebenfalls in *Strannaja istorija* wiederfindet. Aus diesem Schema fallen aus dem Korpus der analysierten Erzählungen lediglich die Erzählung *Prizraki*, in der jedoch die Ausgangssituation das Innere des männlichen Erzählers ist, sowie *Pervaja ljubov'*, in der die Geschehnisse im Kreise der Familie mit einem männlichen Oberhaupt ihren Ansatz finden (jedoch konstatiert auch hier die abendliche Männerrunde die Erzählsituation). Der Rahmen aller analysierten Erzählungen stellt somit eine geordnete Männerwelt dar, in die eine Frau als Synonym für das Chaos eindringt und die dadurch eine unkontrollierbare Wendung nehmen. Der Anfangszustand kann ausschließlich durch das Töten des störenden Elementes wieder hergestellt werden. Sehr auffällig ist, dass der männliche Protagonist in allen analysierten Erzählungen seine sichere, geordnete Umgebung verlässt, die vorwiegend aus männlichen Beziehungskonstrukten besteht. In einigen Fällen existieren auch weibliche Figuren in dieser Sphäre der Ordnung, diese sind jedoch meist periphere und niemals junge oder attraktive Figuren, wie die beiden Tanten Petr Gavrilovičs in *Nesčastnaja* und Aratovs in *Klara Milič*. Abgesehen von diesen seltenen Ausnahmen besteht das Umfeld der männlichen Protagonisten zunächst stets aus männlichen Mitmenschen, wie Freunden, Bekannten und Nachbarn. Das Verlassen dieses Umfeldes erfolgt meist in Form der Reise auf ein dörfliches Gouvernement oder insofern, als der Held in einem städtischen Umfeld von einem Freund in eine neue Umgebung gebracht wird, in der er auf seine Protagonistin trifft. Dies ist der Fall in *Klara Milič* und *Nesčastnaja*, wo die beiden Helden von ihren Freunden Kupfer und Fustov zu dem Schauplatz gebracht werden, der für den Protagonisten das Neuland bedeutet, auf welchem die Begegnung mit der entsprechenden Frauenfigur stattfindet. Diese Begegnung bedeutet in allen Fällen unumstößlich den Eintritt von Ungewissheit, Kontrollverlust und Gefahr für den Helden und ist zunächst im Wesentlichen die Goethesche unerhörte Begebenheit aller analysierten Erzählungen. Die Frauenfigur erfüllt demnach in allen Fällen die Funktion, die herrschende Ordnung zu stören, damit diese sodann durch ihren Tod wiederhergestellt werden kann. Diese Störung erfolgt ebenfalls nach einem sich wiederholenden Muster, indem sie in allen Fällen einen Kontrollverlust des Helden darstellt. Denn durch die Begegnung mit der entsprechenden Frauenfigur wird die gesamte, geordnete Welt des Helden auf den Kopf gestellt, sobald dieser feststellt, dass er nicht in der Lage ist, die Frau seines Verlangens zu besitzen. Die Beziehung des Helden zu seiner Heldin ist stets geprägt von Begehren und Unerreichbarkeit. Diese Unerreichbarkeit kann sich verschiedentlich äußern: Agrippina in *Brigadir* weigert sich schlicht, Gus'kov zu heiraten, Mar'ja Pavlovna in *Zatiš'e* ist bereits mit dem Alkoholiker Veret'ev liiert und damit für den Helden nicht zu haben, Susanna in *Nesčastnaja* als Geliebte des Freundes Fustov noch unerreichbarer, Vera in *Faust* ist gar verheiratet, wodurch eine Zusammenkunft nicht im Rahmen der moralisch vertretbaren Möglichkeiten liegt und mit der Affäre zwischen Zinaida und dem Vater Vladimirs in *Pervaja ljubov'* erschafft Turgenev den Gipfel der Unerfüllbarkeit. Doch auch nicht-liierte Frauenfiguren sind umgeben von der Aura der Unerreichbarkeit. So genügt in *Klara Milič* bereits die Angst vor einer Abweisung, um Astachov davon abzuhalten auch nur zu vermuten, Klara könne an ihm interessiert sein. Ebenso unmöglich ist die Beziehung zu Ėllis in *Prizraki*, die durch ihre gesamte phantomartige Erscheinung nicht als potentielle Partnerin in Frage kommt, oder in *Strannaja istorija*, da Sofija die Gesellschaft des epilepsieerkrankten Vasilij bevorzugt. Diese Beziehungskonzeption, die von Begehren und Ablehnung geprägt ist, steht unmittelbar im Zusammenhang mit dem Ableben der weiblichen Figur, die begehrt wird. Denn nur durch ihren Tod wird die Begehrte erreichbar, indem sich der Betrachter ihren toten Körper zueigen macht, den er zu ihren Lebzeiten unfähig zu besitzen war. Damit einhergehend ist die Beobachtung, dass keine der Frauenfiguren durch ihren Tod entstellt wird. Die Darstellung des Sterbens nimmt im analysierten Korpus drei unterschiedliche Formen an: Sie erfolgt in Form der Aussparung, wie in *Brigadir*, *Strannaja istorija* und *Pervaja ljubov'*, wo der Tod der Protagonistin erwähnt wird, aber keinen Niederschlag auf der Darstellungsebene findet. Das Sterben wird durch diese Methode nicht beschönigt, es wird jedoch auch jegliche Grausamkeit und Entstellung ausgeblendet. Tatsächlich ist hier auch nicht so sehr von Belang, unter welchen Umständen die Figur umgekommen ist (so bleibt die Todesursache Agrippinas und Sofijas beispielsweise ungeklärt), vielmehr ist das Faktum des Todes bedeutsam, da dieses notwenig ist, um die Konstellation wiederherzustellen, die zu Beginn der Erzählung herrscht, und damit eine Rückstellung der Verhältnisse zu bewirken. Die zweite mögliche Darstellungsweise des Ablebens ist die ästhetische Inszenierung des Sterbens. Dies ist insbesondere der Fall, wenn ein mitleiderregendes oder ausdrucksvolles Leiden ins Zentrum der ästhetischen Inszenierung rückt. Nicht ohne Pathos erscheinen die eindringlichen Sterbeszenen in *Klara Milič* und *Prizraki*, die in ihrer intensiven Wirkung Ergriffenheit und Leidenschaft ausdrücken. Doch auch Elemente, die eine mitleiderregende, sentimentale Stimmung vermitteln, lassen sich in diese Kategorie einordnen. So stellen das tragische Ableben von Vera in *Faust*, sowie die extensive und ausgedehnte Strapaze der unglücklichen Susanna in *Nesčastnaja* die eindringliche Betrachtung des Sterbevorgangs dar, der kunstvoll inszeniert, wehmütige und rührselige Emotion evoziert und damit in seiner Wirkung mit der Ästhetik der Empfindsamkeit verwandt ist. Letztmögliche Variante der Darstellung des Lebensendes ist die ästhetische Darbietung der weiblichen Leiche. Diese kommt in *Zatiš'e*, *Prizraki* und *Nesčastnaja* zum Ausdruck, wo explizite Abbildungen des toten Körpers Mittel zur Evokation von Anmut, Grazie und Emphase werden. Das Bildnis der Leiche platziert den Betrachter in die Position des Voyeurs, indem sich das erotische Begehren auf das Anblicken verlagert. Der Blick auf die tote Hülle des begehrten Objektes verweist auf das Erstreben nach Besitz und Genuss des weiblichen Körpers. Dieser ist als lebendiger Leib, im Subjektstatus der Frau, dauerhaft unerreichbar, sodass die Frau erst als tote Hülle die idealen Bedingungen männlichen Begehrens erfüllen kann.

Wenn Turgenev als „writer of Russia's women" in die Literaturgeschichte eingegangen ist, dem emanzipatorische Bestrebungen eine Herzensangelegenheit waren, der sich bemüht, den Blickwinkel auf die weibliche Seite menschlicher Erfahrungswerte zu lenken, so muss jedoch im Auge behalten werden, dass seine Kritik in Bezug auf die Rolle von Weiblichkeit eine vordergründige bleibt. Zwar zielt die Tötung vieler seiner Frauenfiguren darauf ab, die herrschenden Zustände zu kritisieren, wie dies unstreitig an Figuren wie der unehelichen Tochter Susanna in *Nesčastnaja* ersichtlich ist, die versucht, durch die Niederschrift ihrer Memoiren eine Stimme zu finden. Dennoch vermag es diese Kritik nicht, sich der literarischen Norm der – in Anbetracht der langen literarischen Tradition des Sujets – rituellen Opferung der Störerin der Ordnung zu entziehen. Diese Opferung vollzieht sich in allen untersuchten Fällen in Form der vielfachen Tötung, indem sich zunächst eine Tötung in den Typus vollzieht, welche die Figur enorm an Lebenskraft einbüßen lässt. Die Frauenfiguren werden damit zu Halbtoten, die wenig mit einer authentischen Darstellung und damit essentiellen Wahrheiten über Weiblichkeit gemein haben. Sie lassen sich folglich einreihen in die kulturelle Tradition des *killing women into art*.[146] Fast scheint es so, als hätte Turgenev dieses Schlagwort feministischer Literaturkritik wörtlich genommen, betrachtet man die beachtliche Anzahl an Frauenfiguren, die er in Analogie zu Kunstwerken gestaltet. Es ist diese Tötung lebendiger, weiblicher Erfahrung in die Gestalt eines schönen, anmutigen, schweigsamen und starren Artefaktes, die dem Topos des Todes in der Form des körperlichen Sterbens der Figuren vorausgeht. Das Sujet des körperlichen Sterbens avanciert in aller Anmut und Schönheit sodann zum Sinnbild von Ästhetizität und verweist damit zuvorderst auf die Poetizität des Textes. Eine literarische Tradition, die die Tötung von Weiblichkeit als eine Form gesteigerter Poetizität begreift und die den Topos als den „poetischsten in der Welt" erhöht, um Poes Worte noch einmal aufzugreifen, könnte grausamer nicht sein. Tatsächlich zeigt sich hier eine zerstörerische Entmenschlichung, die in markantem Widerspruch zu einer lebensbejahenden Poetik steht, denn „[e]s gibt keine Poetik, und es kann keine geben, die verhindert, daß die lebendige Erfahrung ungezählter Subjekte in Kunst-Objekten ertötet und begraben wird".[147]

---

[146] S. M. Gilbert/S. Gubar: *The Madwoman in the Attic*, S. 14.
[147] C. Wolf: Kassandra. Voraussetzungen einer Erzählung, S. 12.

Literaturverzeichnis

Allen, Elizabeth Cheresh: *Beyond Realism. Tugenev´s Poetics of Secular Salvation.* Stanford (California), 1992.

Andrew, Joe: *Women in Russian Literature, 1780-1863.* New York, 1988.

Bachelard, Gaston: *L´Eau et les rêves.* : essai sur l'imagination de la matière. Paris, 1971.

Backès, Jean-Louis: *Naissance et composition d´une nouvelle de Turgenev: L´infortuneé.* In: Revue des études slaves, Bd. 43, 1964, S. 34-57: http://www.persee.fr/web/revues/home/prescript/article/slave_0080-2557_1964_num_43_1_1866, Stand: 19.08.2013

Barker, Adele M./Gheith, Jehanne M. [Hrsg.]: *A History of Women´s Writing in Russia.* Cambridge, 2002.

de Beauvoir, Simone: *Das andere Geschlecht.* Hamburg, 1968.

Berger, Renate/Stephan, Inge [Hrsg.]: *Weiblichkeit und Tod in der Literatur.* Köln, 1987.

Brang, Peter: *I. S. Turgenev. Sein Leben und sein Werk.* Wiesbaden, 1977.

Bronfen, Elisabeth: *Die schöne Leiche. Weiblicher Tod als motivische Konstante von der Mitte des 18. Jahrhunderts bis in die Moderne.* In: Berger, Renate/Stephan, Inge [Hrsg.]: *Weiblichkeit und Tod in der Literatur.* Köln, 1987, S. 87-115.

Diess.: *Over Her Dead Body. Death, Femininity and Aesthetic.* Manchester, 1993.

Butler, Judith: *Gender Trouble: Feminism and the Subversion of Identity.* London, 1990.

Cixous, Hélène/Clément, Catherine: *The Newly Born Woman.* Minneapolis, 1986.

Clyman, Toby/Green, Diana [Hrsg]: *Women Writers in Russian Literature.* Westport [u.A.], 1994.

Costlow, Jane T.: *Speaking the Sorrow of Women: Turgenev´s "Neschastnaia" and Evgeniia Tur´s "Antonina".* In: Slavic Review. American Quarterly of Soviet and East European Studies, Volume 50, Number 1, 1991, S. 328-335.

Doan, Laura: *The Lesbian Postmodern.* New York, 1994.

Dolny, Christoph: *Literarische Funktionen der Personeneigennamen in den Novellen und Erzählungen von I. S. Turgenev.* Bern [u.A.], 1996.

Döring, Johanna Renate: *Von Kuperkasserolen und dem "Ende der Welt". Zur Auseinandersetzung mit dem Motiv der sich emanzipierenden Frau in Turgenevs „Nakanune", Slepcovs „Trudnoe vremja" und Čechovs „Rasskaz neizvestnogo čeloveka".* In: Holthusen, Johannes/Schrenk, Josef [Hrsg.]: *Beiträge und Skizzen zum Werk Ivan Turgenevs.* München, 1977.

Dunham, Vera Sandomirsky: *"The Strong-Woman Motif".* In: C. E. Black: *The Transformation of Russian Society.* Cambridge, 1960, S. 459-483.

Eagleton, Mary: *Feminist Literary Criticism.* London, 1991.

Dies.: *Literary Representations of Women.* In: G. Plain/S. Sellers [Hrsg.]: *A History of Feminist Literary Criticism.* Cambridge, 2007, S. 105-119.

Ebert, Christa: *"Die Seele hat kein Geschlecht." Studien zum Genderdiskurs in der russischen Kultur.* Frankfurt/Main, 2004.

Fetterly, Judith: *The Resisting Reader.* Bloomington, 1978.

Foucault, Michel: *Histoire de la sexualité.* Bd. 1-3, Paris, 1977.

Fallaize, Elizabeth: *Simone de Beauvoir and the Demystification of Woman.* In: G. Plain/S. Sellers [Hrsg.]: *A History of Feminist Literary Criticism.* Cambridge, 2007, S. 85-99.

Gasiorowska, Xenia: *Women and Russian Literature.* In:V. Terras [Hrsg]: *Handbook of Russian Literature,* London [u.a.], 1985, S. 518-521.

Gelpi, Albert: *Emily Dickson and the Deerslayer: The Dilemma of the Woman Poet in America.* In: S. Gilbert/S. Gubar [Hrsg.]: *Shakespeare´s Sisters. Feminist Essays on Women Poets.* Bloomington, 1979, S. 122-134.

Gerigk, Horst-Jürgen: *Turgenew heute. Seine Bedeutung für das literarische Bewusstsein unserer Gegenwart.* http://www.horst-juergen-gerigk.de/aufs%C3%A4tze/turgenjew-heute/, Stand: 27.08.2013

Gilbert, Sandra M./Gubar, Susan: *The Madwoman in the Attic. The Woman Writer and the Nineteenth-Century Literary Imagination.* New Haven [u.a.], 2000.

Goldman, Jane: *The Feminist Criticism of Virginia Woolf.* In: G. Plain/S. Sellers [Hrsg.]: *A History of Feminist Literary Criticism.* Cambridge, 2007, S. 66-84.

Göpfert, Frank: *Dichterinnen und Schriftstellerinnen in Russland von der Mitte des 18. bis zum Beginn des 20. Jahrhunderts. Eine Probeskizze.* München, 1992.

Ders.: *Russland aus der Feder seiner Frauen. Zum femininen Diskurs in der russischen Literatur. Materialien des am 21./22. Mai im Fachbereich Slavistik der Universität Potsdam durchgeführten Kolloquiums*. München, 1992.

Ders. [Hrsg.]: *Русские писательницы и литературный процесс в конце XVIII – первой трете XX вв*, Frauenliteraturgeschichte. Texte und Materialen zur russischen Frauenliteratur, Bd. 2. Wilhelmshorst, 1995.

Grier, Barbara: *Introduction to Lesbian Literature*. In: S. Malinowski: *Gay and Lesbian Literature*. Detroit, 1994, Bd. 1. S. xvii.

Grübel, Rainer: *Narrative Aisthesis der "Ersten Liebe": Erinnerung vs. wiederholung. Zur Topik und Intertextualität der Erzählung "Pervaja ljubov'" von Turgenev und "Vymsel" von Gippius*. In: Ders. [Hrsg.]: *Русский расскас*. Amsterdam, 1984, S. 153-195.

Guthke, Karl S.: *Ist der Tod eine Frau? Geschlecht und Tod in Kunst und Literatur*. München, 1998.

Heier, Edmund: *Elements of Physiognomy and Pathognomy in the Works of I. S. Turgenev (Turgenev and Lavater)*. In: J. Holthusen [Hrsg]: *Beiträge und Skizzen zum Werk Ivan Turgenevs*. München, 1977, S. 7-52.

Ders.: *Comparative Literary Studies: Lermontov, Turgenev, Goncharov, Tolstoj, Blok – Lavater, Lessing, Schiller, Grillparzer*. München, 2000.

Heldt, Barbara: *Terrible Perfection. Women and Russian Literature*. Bloomington/Indianapolis, 1987.

Hoisington, Sona Stephan: *A Plot of Her Own. The Female Protagonist in Russian Literature*. Evanston, Illinois, 1995.
Irigaray, Luce: *Luce Irigaray, Key Writings*. New York [u.a.], 2004.

Kagan-Kans, Eva: *Fate and Fantasy: A Study of Turgenev´s Fantastic Stories.* In: Slavic Review 28, H. 4, 1969, S. 543-560.

Kaiser, Gert: *Der Tod und die schönen Frauen: ein elementares Motiv der europäischen Kultur.* Frankfurt/Main, 1995.

Карамзин, Николай М..: *Бедная Лиза. Die arme Lisa.* Stuttgart, 1982.

Kasack, Wolfgang: *Der Tod in der russischen Literatur. Aufsätze und Materialien aus dem Nachlass.* München, 2005.

Kelly, Catriona: *A History of Russian Women´s Writing, 1820-1992.* Oxford, 1994.

Kluge, Rolf-Dieter: *Turgenew – Erste Liebe.* In: B. Zelinsky: *Die russische Novelle.* Düsseldorf, 1982, S. 63-72.

Ders.: *Ivan S. Turgenev. Dichtung zwischen Hoffnung und Entsagung.* München, 1992.

Koschmal, Walter: *Vom Realismus zum Symbolismus. Zu Genese und Morphologie der Symbolsprache in den späten Werken I.S. Turgenevs.* Amsterdam, 1984.

Lissyutkina, Larissa: *Soviet Women at the Crossroads of Perestroika.* In: N. Funk/M. Mueller: *Gender Politics and Post-Communism. Reflections from Eastern Europe and the Former Soviet Union.* New York [u.a.], 1993, S. 274-286.

Лотман, Л. М.: *Примечания* zu *Несчастная.* In: Тургенев, И. С.: *Полное собрание сочиненый.* Москва-Ленинград, 1965, S. 411-509.

de Maegd-Soep, Carolina: *The Emancipation of Women in Russian Literature and Society. A Contribution to the Knowledge of the Russian Society During the 1860s.* Ghent, 1978.

Маркович, Владимир М.: «*Русский европеец» в прозе Тургенева 1850-х годов*. In: P. Thiergen [Hrsg.]: *Ivan S. Turgenev. Leben, Werk und Wirkung. Beiträge der Internationalen Fachkonferenz aus Anlaß des 175. Geburtstages*. München, 1993, S. 79-69.

Marsh, Rosalind: *Gender and Russian Literature. New Perspectives*. Cambridge, 1996.

McLaughlin, Sigrid: *Schopenhauer in Rußland. Zur literarischen Rezeption bei Turgenev*. Wiesbaden, 1984.

Moi, Toril [Hrsg.]: *The Kristeva Reader*. Oxford, 1993.

Nemere, Maja: *Verführerische Lektüren in der Prosa des russischen Realismus*. Frankfurt a. M., 2011.

Neumer-Pfau, Wiltrud: *Töten, Trauern, Sterben – Weiblichkeitsbilder in der antiken griechischen Kultur*. In: R. Berger/I. Stephan [Hrsg.]: *Weiblichkeit und Tod in der Literatur*. Köln, 1987, S. 11-34.

Richard, Birgit/Zaremba, Jutta: *Hülle und Container. Medizinische Weiblichkeitsbilder im Internet*. München, 2007.

Ripp, Victor: *Turgenev's Russia. From "Notes of a Hunter" to "Fathers and Sons"*. Ithaca/London, 1980.

Rothkoegel, Anna: *Russischer Faust und Hamlet. Zur Subjektivismuskritik und Intertextualität bei I. S. Turgenev*. München, 1998.

Савкина, Ирина: *Провинциалки русской литературы (женская проза 30 – 40-х годов XIX века). Frauenliteraturgeschichte*. Texte und Materialien zur russischen Frauenliteratur, Bd. 8. Wilhelmshorst, 1998.

Seeley, Frank Friedeberg: *Turgenev. A Reading of His Fiction.* Cambridge, 1991.

Showalter, Elaine: *A Literature of Their Own. British Women Novelists From Brontë to Lessing.* Princeton, 1977.

Showalter, Elaine: *Towards a Feminist Poetics. Women´s Writing and Writing About Women.* London, 1979.

Smith, Barbara: *Toward a Black Feminist Anthology.* In: G. Hull/P.B. Scott/B. Smith [Hrsg.]: *All the Women Are White, All the Blacks are Men, But Some of Us Are Brave.* New York, 1982, S. 157-175.

Spivak, Gayati Chakravorti: *Can the Subaltern Speak? Postkolonialität und subalterne Artikulation.* Wien, 2008.

Stuby, Anna Maria: *Liebe, Tod und Wasserfrau. Mythen des Weiblichen in der Literatur.* Opladen, 1992.

Temkina, Anna/Zdravomyslova, Elena: *Feministische Übersetzung in Rußland.* In: E. Cheauré/C. Heyder [Hrsg.]: *Russische Kultur und Gender Studies.* Berlin, 2002, S.15-33.

Терц, Абрам [Pseud. f. Синявский, Андрей]: *Что такое социалистический реализм?* In: Ders.: *Фантастический мир Абрама Терца.* New York, 1967, S. 401-436.

Тиме, Галина А.: *К вопросу вере и религиозности в творчесве И. С. Тургенева.* In: P. Thiergen [Hrsg.]: *Ivan S. Turgenev. Leben, Werk und Wirkung.* München, 1995, S. 181-201.

Топоров, В. Н.: *Странный Тургенев (четыре главы).* Москва, 1998.

Tschiževskij, Dmitrij: *Russische Literaturgeschichte des 19. Jahrhunderts. Bd. 2: Der Realismus.* München, 1967.

Тургенев, Иван Сергеевич: *Собрание сочинений* (Bd. 6-8). *Повести и рассказы 1854-1860, 1863-1870, 1870-1882*, Москва, 1962.

Ders.: Erzählungen. 1857-1883. Gedichte in Prosa, München, 1967.

Ders.: Drei Begegnungen. Erzählungen, Wuppertal, 1971.

Ders.: Frühlingsfluten. Erzählungen, Berlin (u.a.), 1984.

Volckmann, Silvia: *"Gierig saugt sie seines Mundes Flammen"*. *Anmerkungen zum Funktionswandel des weiblichen Vampirs in der Literatur des 19. Jahrhunderts*. In: R. Berger/I. Stephan [Hrsg.]: *Weiblichkeit und Tod in der Literatur.* Köln, 1987, S. 155-176.

Walker, Alice: *In Search of Our Mothers´ Gardens: Womanist Prose.* San Diego [u.a.], 1983.

Wolf, Christa: Kassandra. Voraussetzungen einer Erzählung. Werke Bd. 7, München, 2000.

Woolf, Virginia: *A Room of One´s Own. Three Guineas.* Oxford [u.a.], 2008.

Woolstonecraft, Mary: *Vindication of the Rights of Women/* Mill, Stuart: *The Subjection of Women.* London, 1929.

Literatur und Kultur im mittleren und östlichen Europa

herausgegeben von Reinhard Ibler

ISSN 2195-1497

1 *Elisa-Maria Hiemer*
   Generationenkonflikt und Gedächtnistradierung
   Die Aufarbeitung des Holocaust in der polnischen Erzählprosa des 21. Jahrhunderts
   ISBN 978-3-8382-0394-2

2 *Adam Jarosz*
   Przybyszewski und Japan
   Bezüge und Annäherungen
   Mit einem Vorwort von Hanna Ratuszna und Quellentexten in Erstübertragung
   ISBN 978-3-8382-0436-9

3 *Adam Jarosz*
   Das Todesmotiv im Drama von Stanisław Przybyszewski
   ISBN 978-3-8382-0496-3

4 *Valentina Kaptayn*
   Zwischen Tabu und Trauma
   Kateřina Tučkovás Roman *Vyhnání Gerty Schnirch* im Kontext der tschechischen Literatur über die Vertreibung der Deutschen
   ISBN 978-3-8382-0482-6

5 *Reinhard Ibler (Hg.)*
   Der Holocaust in den mitteleuropäischen
   Literaturen und Kulturen seit 1989
   The Holocaust in the Central European Literatures and Cultures since 1989
   ISBN 978-3-8382-0512-0

6 *Iris Bauer*
   Schreiben über den Holocaust
   Zur literarischen Kommunikation in Marian Pankowskis Erzählung *Nie ma Żydówki*
   ISBN 978-3-8382-0587-8

7   *Olga Zitová*
    Thomas Mann und Ivan Olbracht
    Der Einfluss von Manns Mythoskonzeption auf die karpatoukrainische Prosa des tschechischen Schriftstellers
    ISBN 978-3-8382-0633-2

8   *Trixi Jansen*
    Der Tod und das Mädchen
    Eine Analyse des Paradigmas aus Tod und Weiblichkeit in ausgewählten Erzählungen I.S. Turgenev
    ISBN 978-3-8382-0627-1

9   *Olena Sivuda*
    "Aber plötzlich war mir, als drohe das Haus über mir zusammenzubrechen."
    Komparative Analyse des Heimkehrermotivs in der deutschen und russischen Prosa nach dem Zweiten Weltkrieg
    ISBN 978-3-8382-0779-7

Sie haben die Wahl:

Bestellen Sie die Schriftenreihe
Literatur und Kultur im mittleren und östlichen Europa
einzeln oder im **Abonnement**

per E-Mail: vertrieb@ibidem-verlag.de | per Fax (0511/262 2201)
als Brief (*ibidem*-Verlag | Leuschnerstr. 40 | 30457 Hannover)

Bestellformular

☐ Ich abonniere die Schriftenreihe *Literatur und Kultur im mittleren und östlichen Europa* ab Band # ____

☐ Ich bestelle die folgenden Bände der Schriftenreihe *Literatur und Kultur im mittleren und östlichen Europa*
____; ____; ____; ____; ____; ____; ____; ____; ____

Lieferanschrift:

Vorname, Name ....

Anschrift ....

E-Mail.. | Tel.: ....

Datum .... | Unterschrift ....

Ihre Abonnement-Vorteile im Überblick:

- Sie erhalten jedes Buch der Schriftenreihe pünktlich zum Erscheinungstermin – immer aktuell, ohne weitere Bestellung durch Sie.
- Das Abonnement ist jederzeit kündbar.
- Die Lieferung ist innerhalb Deutschlands versandkostenfrei.
- Bei Nichtgefallen können Sie jedes Buch innerhalb von 14 Tagen an uns zurücksenden.

ibidem-Verlag
Melchiorstr. 15
D-70439 Stuttgart
info@ibidem-verlag.de

www.ibidem-verlag.de
www.ibidem.eu
www.edition-noema.de
www.autorenbetreuung.de

www.ingramcontent.com/pod-product-compliance
Lightning Source LLC
Chambersburg PA
CBHW071940240426
43669CB00048B/2476